Pef

Petit éloge
de la lecture

Gallimard

Né en 1939, fils de maîtresse d'école, Pef a vécu toute son enfance dans les cours de récréation. Il a pratiqué les métiers les plus variés : journaliste, essayeur de voitures de course, et surtout rêveur à plein temps, activité qu'il exerce toujours aujourd'hui.

À trente-huit ans et deux enfants, il dédie son premier livre *Moi, ma grand-mère...* à la sienne, qui se demande si son petit-fils sera sérieux un jour. C'est ainsi qu'il devient auteur-illustrateur pour la joie des enfants et invente en 1980 le prince de Motordu, véritable star dont *La belle lisse poire* a inauguré un cycle d'aventures qui se poursuit toujours.

Depuis trente-cinq ans, Pef collectionne les succès, tout en gardant les pieds sur terre et en parcourant le monde à la recherche des « glaçons » et des « billes » de toutes les couleurs, de la Guyane à la Nouvelle-Calédonie, en passant par le Québec, la Bosnie et le Liban, leur insufflant l'amour des mots et le plaisir de la lecture. Dans ses livres, il parle du bonheur de vivre, mais aussi du malheur de la guerre et des offenses faites aux enfants de toute la terre. Il est également l'auteur de *Ma guerre de cent ans* (Gallimard, Hors série littérature, 2014).

Découvrez, lisez ou relisez les livres de Pef en Folio :

MA GUERRE DE CENT ANS (Folio n° 5988)

À mes amis,
à mes amivres,
à mes amilivres

Tout livre est dans son intimité une lettre ouverte aux amis de l'auteur. Eux seuls en pénètrent l'esprit, y découvrent insérés à leur intention dans les moindres recoins des marques d'affection et des témoignages de gratitude.

R. L. Stevenson,
Un voyage avec un âne à travers les Cévennes

PROLOGUE

Je suis assis à mon bureau d'école. L'odeur de craie, celle du petit peuple des écoliers, aromatise mon devoir quotidien. Former un « o » sur papier grossier au bout de ma plume estafilée du sang violet puisé dans le réservoir de porcelaine. Relier la première lettre à une seconde, un « u ». Cette union anodine, je la fixe un instant, juste avant que ne fleurisse dans ma tête un bruit d'explosion : « o » et « u » font « ou ». Je me redresse. M'extasie. Pour la première fois ce qui m'est donné à lire bruit, fracasse, vacarme et je pousse à haute voix ce « ou » devenu « OUOUOUOUOUH ! », le hurlement du loup. La lecture est un je d'enfant.

Il est là, le plaisir primal de la lecture, donner à voir l'invisible, entendre l'inaudible au-delà du tracé dérisoire de l'écriture. Ce n'est rien et tout à la fois, des bouts d'une ficelle venue faire lasso au cou d'une horde hurlante. Le blanc du papier est un tapis de neige, une neige profonde et mythique. Je n'ai encore jamais vu de ces loups que je retrouverai bien plus tard dans un texte de James Oliver Curwood, taillé à la serpette pour les besoins de la Bibliothèque verte.

Cette lumière d'enfance stupéfaite, balise d'entrée

de la passe, mène vers un port de lecture, nourrie de l'énergie inépuisable du puits sombre de la mémoire. Y palpitent, dès que les yeux se sont habitués à la noirceur infinie, quelques lucioles timides. Ce souvenir est l'une d'elles, il clignote, disparaît, va et vient pour être nommé à la hâte vague souvenance, appellation incontrôlée, altérée par son évanouissement sans cesse ressuscité au gré de la lumière intermittente de la mémoire.

CHAPITRE 1

*Où l'auteur commet l'imprudence
de prendre place dans un train,
sans le moindre livre ni espoir de voir
quoi que ce soit du paysage.*

Me voici en Bourgogne où je rencontre des enfants, mes lecteurs. Ce voyage en précède un autre, plus lointain, en direction de Montréal. Pour la première fois je traverserai l'océan. À quelques heures de mon envol, je ressens dans ce futur adieu au Vieux Continent racinaire comme un signe d'arrachement aux collines de mes étés d'enfance.

Oiseau de fer contre oiseau de plumes. Le couple qui m'accompagne pour le moment d'école en bibliothèque me fait profiter de quelques moments d'apparente liberté pour évoquer les proies variées des buses qui proposent un menu « enfant » pour leurs petits, à savoir jeunes grives, merles, geais, reptiles, batraciens et, pour dessert, parfois, un faisandeau. Nous longeons les pentes du mont Saint-Vincent, vaincu en mon adolescence par un coup de pédale obstiné. Pourrais-je seulement retrouver intacte aujourd'hui ma force physique ?

La voiture bruit de réflexions au passage d'oiseaux rapidement identifiés, laissant derrière eux un invisible sillage d'anecdotes aussitôt oubliées. L'air est si doux, si clair, la visibilité illimitée. La campagne a déplié sa nappe de bouchures, de pointes clochères et de lointains indéfinis chers à Mac Orlan.

Plongé dans la lecture de ce paysage dont le point provisoire du bout du monde est le triangle parfait du mont Blanc, j'entends encore grand-mère m'avertir que l'apercevoir est présage de pluie ou de tempête. Pour évoquer cette prévision magique, je me tourne vers mes amis et distingue derrière eux le puy de Dôme. À quelle hauteur miraculeuse suis-je, moi, sur les ailes lourdes du Saint-Vincent, planant comme un rapace sans toutefois les yeux d'une chouette dont le champ de vision me permettrait de placer mont Blanc et puy de Dôme, également visibles, dans le même regard sans avoir à pivoter comme une gourmande girouette ?

Ma grand-mère sans baromètre avait raison. Mon arrivée à Montréal est perturbée par la première tempête de la saison. Les griffes du vent chargé de neige s'accrochent aux angles des immeubles. Les voitures se sont muées, muettes, en chapelets meringués le long de rues désertes dont le tracé s'est effacé. Je dois repartir « à je ne sais plus quelle heure il est chez moi ou ici », décalage horaire oblige, prendre le train de Montréal à Québec. Les deux heures du voyage en rail vont ouvrir le paysage d'un même livre. Le défilé accéléré des pages de sucre glace exposées à mes yeux vaut bien toutes les lectures du monde. La préface en est signée par la vue mouvante de la ville de départ à quinquets faiblissants soudain apparus dès la lente extraction des aiguillages indécis.

Je suis le propriétaire célibataire de ce compappartement de seconde classe à luxueuse promesse d'une fenêtre plein écran. La gare souterraine, vaccinée contre le virus de basse température, cachait bien son jeu. Le train qu'elle a mis au monde du jour se retrouve nu, en proie au vent de sa vitesse, et, comme écrichante Aragon : « Roule au loin roule train des dernières lueurs... » Le paysage tremblotant trouve à peine le temps de me tendre sa carte de visite que sa vue pâlit déjà, puis se noie derrière une obstinée couche de givre. Mon doigt, enrobé de salive, tente une percée, et je glisse un œil par ce trou de serrure. Mais l'ennemi ruine les efforts du passager devenu aveugle. La taie reconstitue inlassablement son interdit. Je suis donc seul, livré à cette blancheur parfois parsemée de taches d'encre grise apparues dans le défilé des ponts, des gares ou des talus.

Rien à lire. Pas de graffito gribouillé par quelques traces de vie. Pas la moindre arabesque dessinée par un doigt ni d'hiéroglyphe à déchiffrer.

Rien. Les seuls mots en ma possession sont ceux écrits au dos de mon billet panoramique : le règlement des chemins de fer canadiens. Texte non signé, imprimé à des millions d'exemplaires, d'un prix variable, que personne d'autre que moi ne peut se vanter d'avoir lu dans son intégralité, découragés que nous sommes tous par l'impression en si petits caractères et lignes devenus convoi de marchandises. La décision est prise de réagir, à ma façon, après le lexicographe Cinoc de Georges Perec, de les attaquer à l'aide d'un stylo bille, de tirer dans le tas des phrases, de les achever en supprimant des lettres avant de reconstituer par défaut un autre texte. Ainsi : « Pour votre confort et votre intérêt, si vous n'avez pas de billet valable nous vous conseillons de régulariser votre situation avant le départ du train aux points de vente habituels. À bord votre régularisation peut s'effectuer » devient : *Pour votre fortin, si vous n'avez pas de bille valable, nous vous conseillons de gueuler aux points d'habits. À bord votre régularisation peut tuer.*

Content d'avoir tondu le règlement, décapité,

amputé et détourné les mots extraits d'un pensum juridique dont ils finissaient par avoir soupé sans être pour autant rassasiés vers des significations inattendues, ébahis par cette découpe novatrice.

Vite lassé par ce travail de charcutier dont l'intérêt servait à gommer les kilomètres, au ralentissement du train pour cause de gare annoncée, je me lève et me dirige vers la porte donnant sur le quai, mendiant une vue vraie, dégivrée. Mais un homme aux lunettes bleues, lointain cousin de celui que croisa Cendrars dans son Transsibérien, me demande si c'est bien ici que je descends. Il me faut refermer cette porte au prétexte impérieux que je refroidis le monde. Une horloge verglacée, une femme envalisée, les traces obstinées de la neige expulsée du quai à coups de balai, tel est l'inventaire des choses à voir dans un paysage désolé qu'aurait pu faire Sei Shônagon dans ses *Notes de chevet*, le temps que la porte, signet du livre blanc, ne se close et verrouille ma prison ambulatoire. Mais j'ai gagné : j'ai lu un peu, si peu, juste une gorgée pour mes yeux assoiffés.

À l'arrivée, m'attend un homme. Il devrait avoir un livre à la main. Un des miens. Comme s'il exposait à mes yeux sa qualité d'homme distingué entre tous les autres par cette marque d'appartenance à ma tribu.

CHAPITRE 2

*Où le capitaine Bob Kincardy s'enfuit
à dos de baleine avant d'être rattrapé
cinquante ans plus tard par un enfant lecteur
devenu l'auteur ce livre.*

Je sais qu'il sera là. Mon livre de vacances. Je l'embrasse depuis le train à vapeur, au fil des courbes qui longent Alésia. Plus tard, plus loin, dans la vieille auto du vieux grand-père, je compte les kilomètres, les derniers, égrenant leur chapelet de champs, de bois, et les méandres de la Grosne, ma rivière aux soleils de pêche. Je devance le temps, attendant avec impatience le moment où je monterai l'escalier de la maison. Je traverserai la pièce immense qui donne sur la chambre avec, à droite, le placard aux portes beiges. Je tournerai le petit verrou de laiton. Pendues comme les femmes de Barbe Bleue, les robes noires de veuve de guerre de grand-mère Marguerite sont figées dans un silence de naphtaline. Il sera là, ce livre qui ouvre la saison vacancière. Son titre : *Voyage à dos de baleine*. En mon jeune âge, je me fiche bien de savoir qui en est l'auteur et, qui plus est, l'éditeur. Je le saisis et le feuillette boulimiquement. Les gravures qui l'illustrent sont autant d'invitations à la lecture. Elles surgissent en signe comblé de reconnaissance. Je n'ai encore aucune notion du nom de Jules Verne, de son univers de tour du monde ou de course à la Lune. Mais dans ce livre-ci, dit « de prix », écarlate mais vieilli, l'histoire agit comme un aimant. Un homme riche, donc américain, promet la main de sa fille à quiconque aura réalisé, au nom de la science, un exploit sans précédent. Cet homme, c'est Bob Kincardy, un capitaine de navire au chômage. Il va partir domestiquer une baleine et l'harnacher d'une nacelle étanche nommée Hydrostat pour accomplir un voyage aussi marin que sous-marin entre tempêtes et cachalots. Il réussira, gagnera la main de la fille du richissime Américain pour avoir, le premier, attiré l'attention du monde entier sur le sort des cétacés injustement décimés.

Tout est dit. Chaque été, je refais ce voyage de papier, à même le sol aux tomettes vernissées, dans la fraîche pénombre du placard, avant de courir la proche colline à la poursuite gardienne de chèvres, de moutons et de vaches. Le placard s'est refermé mais pas le souvenir. Il y eut des fâcheries dans la famille, puis des morts obligées, et la vieille maison de vacances s'est effacée, prise par les mâchoires de l'étau du temps.

Passent à la queue leu leu une bonne soixantaine d'années. Parfois se rallument en moi le petit feu rouge du livre et le grand noir des robes du placard. Une tendre vieille caresse sur la couverture qui ravive ce souvenir où hurle son besoin de conserver encore un peu de place.

Un jour, je pénètre dans une boutique de livres anciens. J'y évoque le titre perdu, ce voyage à dos de baleine dont je ne connais ni nom d'auteur ni année de parution. La bouquiniste à qui je m'adresse ne tient pas un bureau des objets oubliés. Son sourire s'encaustique sous la lumière tamisée protectrice des trésors à monnayer. Bien sûr, la dame compatit, roule des yeux, mais dit que non, elle ne voit pas, qu'elle est désolée. À mon amour enfantin, mon trésor dérivant, elle répond en bon docteur impuissant devant ce cas hors du champ de ses catalogues. Elle s'avise de me tenir le bras en me raccompagnant vers la porte à petite sonnette d'entrée et de sortie, de bonjour et d'au revoir. Dehors, un banc de baleines métalliques aux évents d'échappement pétroleur descend vers le carrefour de l'Odéon mais aucun capitaine ne les chevauche.

Au fil d'une rencontre avec mes lecteurs, à la bibliothèque de Caen, j'évoque ce souvenir, cet émoi intact, ma désespérance d'amour perdu. Je ne vois pas s'éclipser discrètement l'une des bibliothécaires, ni son retour, perdu que je suis dans des voyages à dos de crayon. Après le départ des enfants, elle vient vers moi, sourit :

« Votre livre, je l'ai trouvé sur le net, à deux pas d'ici, chez un collectionneur. Son auteur s'appelle Antony Brown, un Anglais. »

Commandé aussitôt, il m'arrive par le Père Laposte qui vaut parfois mieux que le Père Noël. Il me revient à la surface du souvenir dans sa coquille d'emballage. Si mes mains se sont ridées, lui n'a en rien changé. Ce qui me stupéfie en le feuilletant, c'est que la redécouverte d'une gravure entraîne aussitôt le souvenir de la suivante. Les maillons de la chaîne mémoire n'ont pas rouillé.

Salut, Fanny, la baleine domestiquée. Salut, capitaine Bob. Je ne peux rien vous raconter de ma vie. Les pages qui font votre lit, un peu jaunies, n'ont pas d'oreilles, mais elles racontent inlassablement la même histoire dans cette si belle typographie dont l'aération trace une ligne d'horizon. Et puis, salut, Mireille Scoté, élève de CM2 de l'école communale de Touffréville. Bravo pour ce prix de calcul, d'orthographe, de récitation et de géographie reçu par toi, le 14 juillet 1926, des mains de ta maman, G. Scoté.

Laisse-moi te confier, de si loin, que ma maman aussi fut ma maîtresse d'école.

Le petit papier collé au revers de la couverture, battant d'une aile si longtemps ankylosée, justifie à lui seul un autre prix, celui du rachat d'un pan de mon enfance lectrice.

CHAPITRE 3

*Où l'auteur fait le petit éloge de la lecture
à haute voix dont les échos liés
joignent les yeux des écoliers*

Une femme marche sur le pavé bordelais verni par la pluie d'une entrée marine venue de l'océan. Comme elle, je me dirige vers une bibliothèque où a lieu une rencontre autour d'un de mes livres. Une discussion devrait suivre la lecture de quelques extraits. Le procédé n'est pas nouveau, mais l'émotion suscitée par la venue au monde oral des mots appartenant au monde du silence des livres et du regard sera de la partie.

À mon arrivée dans la bibliothèque – cathédrale des livres –, cette *Bücher Domkirche* nommée par Wim Wenders dans *Les ailes du désir*, on me présente, parmi une cinquantaine de spectateurs, la femme aux pavés, passée de l'ombre à la lumière de modestes projecteurs. Je prends place sur une petite estrade, écoute sans trop d'attention le rappel de mon parcours littéraire, de quelques titres anciens, la présentation de l'ouvrage récemment paru et le silence s'installe.

Il existe autant de façons de lire un texte que d'interpréter la musique. Ce soir, le seul instrument est la voix, portée par des inconnus. Ni acteurs ni récitants, ils suivent la partition typographique selon leur sensibilité. La passion du partage donne un tempo différent à chacune de leurs interventions. Désireux de bien exercer leur fonction provisoire, ils franchissent parfois la frontière de la théâtralité, extraient de la neutralité des inflexions qui étonnent la modestie première des mots, « nos premiers lecteurs », comme l'affirme Vassilis Alexakis dans *La clarinette*.

Pourquoi certains d'entre eux sont-ils mis en lumière alors que chaque ligne est un travail d'équipe, une coproduction entre celle du dessus et la suivante ? Le public accepte néanmoins avec ravissement le léger travestissement des paragraphes.

La jeune femme prend enfin la parole. Tête penchée sur le roman, ses cheveux encadrent un visage qui ne se relèvera jamais en direction du public. Attitude naturelle d'une lectrice porte-écriture promue porte-parole d'un soir. La voix est neutre, mais son grain particulier comparable à celui du papier. On perçoit, par un court silence, la présence d'une virgule ou d'un point. Rien ne vient altérer la nécessité d'accorder la même chance à chaque mot. Le sens des phrases, mis à nu, surgit. On croirait entendre écrire l'auteur.

À la fin de l'intervention j'apprends que cette femme anime un atelier d'écriture, une activité littéraire créatrice remarquable que je pratique peu car, comme le dit Kateb Yacine, « l'écrivain est un peu comme une poule [...]. Il a besoin de calme, de silence, de paix. [...] Alors, à ce moment-là, il s'enferme. Il s'enferme mais il pond ».

D'autres passeurs procèdent autrement. Ainsi Les souffleurs de mots, une petite compagnie composée de femmes et d'hommes, de noir d'encre vêtus, que l'on peut croiser dans les salons du livre. L'un d'eux s'assoit sur une chaise, face à un long tube noir, joliment nommé « rossignol », d'environ trois mètres de long, pointé vers un autre siège où prend place un curieux, l'oreille collée à la bouche d'ombre. L'écouteur n'a pas le choix du texte. Mais le souffleur a tôt fait de deviner les goûts de l'inconnu selon son âge supposé, son sourire ou son impassibilité. La séance dure chaque fois quelques minutes. La voix, engouffrée dans le tuyau, y trouve une résonance tourbillonnante, parcourt la pente légère et, telle une vague, déferle au ralenti dans l'oreille offerte puis surprise. Protégés par l'intimité du conduit, les mots n'atteignent pas l'entourage intrigué par ce mode de lecture qui confie au bouche-à-oreille une distance inhabituelle.

Au festival Litteratura de Mantoue, en Italie, je découvre, sur la place du palais Gonzague, un stand tenu par une jeune personne habillée en diseuse de bonne aventure entourée de caisses de livres. Sur la petite table devant laquelle elle est assise, une panière à pain déborde de papiers pliés en quatre. La jeune femme hèle les passants, leur demande de prendre place, de choisir l'un d'eux, de l'ouvrir et de lire à haute voix le seul mot qui y est écrit. Selon la réponse obtenue, la liseuse de bonnes aventures saisit un livre et offre la lecture d'un passage.

Je m'attarde sur le visage des écoutants. Témoin d'une transfusion : le sang des mots passe dans les oreilles ravies de ces patients devenus insensibles aux mille voix, interpellations ou rires engagés au pied de remparts dans une interminable partie de ping-pong et d'échos.

Mon métier d'écrivain m'amène souvent à rencontrer les jeunes adeptes de mes albums. Ils découvrent, comme moi, jadis, l'apprentissage de la lecture. Je ne manque jamais de leur faire sentir la merveilleuse magie des lettres dont chacune est un dessin. Une journaliste a relaté, dans une revue spécialisée aujourd'hui disparue, *Griffon*, une de mes rencontres avec de tout jeunes apprentis de la lecture :

« Il est venu, comme compte de faits d'un monde pas toujours féerique, conter les tumultes de l'humanité, et apprendre que l'on peut saisir au vol une courte merveille de l'instant, qu'un peu de soleil sur la langue célèbre la beauté des levers du jour. Il y a toujours de la magie et de la démonstration quand du "m" tracé par la main d'un enfant, Pef en étire les boucles, fait moutonner la mer qui vient mourir sur le sable de la plage. »

La ligne d'horizon d'une mer calme

Le vent se lève

Il faut, pour les vagues, tenter de vivre...

... avant de venir mourir sur la plage.

La lune, que je te montre au bout de mon doigt...

... va bientôt disparaître.

Mais je te la remontrerai bientôt au même endroit, c'est-à-dire...

On ne peut ainsi jouer avec toutes les lettres, même si un L ou un V peuvent déployer leurs ailes d'oiseau ou les replier. Il m'arrive de dévoiler à mes jeunes lecteurs que la première lettre de l'alphabet fut le O. Celui de la bouche ouverte, esquissé par le tout premier homme contemplant, surpris, le premier lever de soleil. Les enfants sourient toujours, émus de cette hypothèse farfelue. Ils en tracent alors l'ovale sur leur cahier, rêvant d'un visage à inventer.

CHAPITRE 4

Quand l'auteur débute par un poème
appris par cœur sans toutefois pouvoir
retrouver le livre qui le lui offrit.

Il me ressouvenait toujours
D'un prieuré assis dans la montagne
Que j'avais vu autrefois
Partie en Espagne
Partie en France
Nommé Sarrancolin
J'avais fantaisie de me rendre là en repos
J'eusse vu la France et l'Espagne
En même temps
Et si Dieu me prête vie
Encore ne sais ce que je ferai

Je ne sais rien de Montluc, l'auteur de ces
quelques lignes, et n'en veux pour le moment rien
savoir. À peine suis-je conscient de son grand âge.
J'imagine ses habits à la mode ancienne de rubans
ou de pourpoints. Deux ou trois braises de culture
générale me le rangent en des temps de guerres de
religion, général sous quatre ou cinq rois dont je n'ai
pas la liste à jour. Je trouve la trace inhabituellement
légère de l'écriture de ce bretteur dans une bibliothèque où je viens de libérer à regret quelques ado-
lescents cognés dans la tête ou le reste du corps.
Leurs fauteuils roulants font un seul rang de toutes

leurs roues. Mes histoires s'envolent avec ces frères humains aux postures en diagonale, tête dévissée, regard rendu ivre par des handicaps répertoriés. Dans cet aquarium où je suis prisonnier sur paroles en attendant un autre groupe de lecteurs, je nage dans le silence revenu, me souvenant, un peu défait, d'un bout de chanson de Monique Morelli quelques mots en forme de diagnostic établi par le bon docteur Mac Orlan : « Je ne vaux pas plus qu'un fagot de bois mort. » Un ouvrage en deux volumes qui me tournent le dos soudain me... fait face. Je le reconnais pour avoir vécu près de lui, logé qu'il était par la bibliothèque paternelle. Son titre avait une noblesse mystérieuse : *Demeures romantiques et sites inspirés*. Y foisonnaient textes, photos, aquarelles et gravures de maisons, de rues, de paysages liés aux grands noms de la littérature, de Du Bellay à Mistral. J'y découvre ces quelques lignes de Montluc, comme on croise une passante vite disparue. Cet être qui vécut il y a si longtemps me prend la main le temps de quelques vers, échantillons d'une pensée piégée sur le papier, léguée le temps d'un acte de lecture rapide comme une flèche à trajectoire éternelle. « Encore ne sais ce que je ferai »... Pas mon cas. Juste les consigner dans un carnet puis les sauvegarder grâce à la touche « par cœur », le soir, dans ma chambre d'hôtel. D'un cœur l'autre, celui d'un disparu au mien battant encore... J'ai encore ces deux volumes dans ma bibliothèque mais je n'y retrouve pas ces lignes de Montluc. Qui me retire soudain mon droit de citer ? Elles n'ont pu disparaître. S'y étaient-elles glissées, locataires du hasard qui fait si bien ou si mal les choses ? Erreur due à la fatigue ? Le double phare des deux grands livres m'a-t-il ébloui jusqu'à la confusion ? Un ouvrage de ou sur Montluc était-il, dans cette bibliothèque, accolé aux immeubles de papier chers à mon souvenir ? Pourquoi aurai-je ouvert un tel livre, peu attiré par cet écrivain qui ne me disait rien et dont je ne savais pas que le si peu découvert me submergerait d'un bonheur inoxydable ? Onze lignes désormais amarrées à moi, à toujours revenir comme revient un vent souhaité.

CHAPITRE 5

*Où l'on se demande si Georges Bernanos
et Stephen King ne seraient pas impliqués
dans la disparition d'un des livres favoris
de l'auteur.*

Rituellement, tous les trois ans, je relis *Trois hommes dans un bateau*, de Jerome K. Jerome, qui m'aspire comme un tourbillon, me transporte sur la Tamise dans les navigations hilarantes de trois étudiants anglais en mal d'évasions salvatrices.

Il flotte dans ces pages une barque équipée d'un matériel proche de tous les méfaits comiquement diaboliques d'une puissance invisible : un chauffe-théière de type Stromboli ; des cordages toujours prêts à reconstituer leurs nœuds de vipère et un chien oublieux de sa classification d'animal domestique. Que les lectrices passent ces pages comme on le fait d'un pont. Il en est, j'en connais, qui voient dans ce titre une histoire pour garçons. Je compatis devant ce refus obstiné. Même si leur vie en dépendait, certains lecteurs masculins ne se mettraient pas à la lecture des *Trois sœurs*, des *Malheurs de Sophie*, des *Deux orphelines*, ou d'*Eugénie Grandet*. Les jeux sont faits depuis l'enfance sous la brûlure des poupées, des dînettes, des soldats de plomb ou des petites ouatures chères à Raymond Queneau.

Pour moi, l'éloge de la lecture passe par l'évocation arbitraire de cette aventure fluviale jamais à court d'esprit d'enfance. Alors je m'encorde, muni d'un casque de spéléologue, et descends les parois de gouffre de mes bibliothèques. Nulle trace du livre de Jerome parmi les milliers d'autres au garde-à-vous, en rangs serrés, non classés par ordre alphabétique ou thématique. Le désordre est partout : au cinéma, les spectateurs ne s'installent pas de manière déterminée, pas plus que les passants de la rue de Rennes où je croise en trente secondes la population entière de mon village normand. J'escabeaute mes rayonnages, me ruine les reins au ras du sol, refais dix fois la même revue des troupes, jurant comme adjudant. En désespoir de cause, je suppute que j'ai dû prêter *Trois hommes dans un bateau* à un ami ou à un adolescent qui viendrait d'atteindre l'âge idéal pour lire ce texte. J'en suis malheureux comme si j'avais abandonné l'un de mes enfants. Peut-être ce livre est-il entré en clandestinité, soudain anonymé à me tourner le dos. Ou alors serré de près, condamné au silence par des geôliers de papier, faux ou vrais frères de race, entre Alphonse Allais, par jalousie lui aussi lu, relu, relulu, et Georges Bernanos dont je n'ai pu aller au-delà de la cinquième page de *La joie* malgré la séduction du titre. S'il m'en veut, qu'il se souvienne de mon émotion à la lecture des *Grands cimetières sous la lune*. *Les fleurs du mal* ou *Le lys dans la vallée* seraient-ils des végétaux porteurs d'un poison redoutable connu pour sa destruction des fibres de tout papier ? Stephen King a dû évidemment mijoter un plan diabolique pour que ses lignes d'écriture américaines garrottent mes trois étudiants et transforment leurs tranches de vie en tranches de mort. Cendrars, énervé, a dû écraser son éternelle cigarette sur la coque du frêle esquif, y pratiquant un trou fatal lors du passage de l'écluse de Boulter, trop anglaise, trop peu transsibérienne. Je veux bien garder mon calme, mais refuse d'admettre que

Victor Hugo ait à jamais maudit, pour le restant de ses jours, le mot *bateau* alors qu'une embarcation similaire fut le cercueil retourné de Léopoldine, sa fille. Et enfin Francis Ponge, noyé dans l'observation obstinée de son verre d'eau, n'aurait-il pas tenté de tamiser la Tamise, l'estimant finalement trop large, trop longue, trop profonde pour son contenant ?

Le mot *disparu* est bien cruel quand il est attribué à un être cher dont on se demande à vie s'il est bien mort. Quelle armée souveraine aux cottes de mailles typographiques est-elle partie en croisade contre ce bandit de grand chemin aquatique nommé Jerome K. Jerome ?

Sortis du rang sans ménagement, interrogés par mes doigts de fin limier, Nicolas Bouvier, Jack London, Alphonse Boudard et René Fallet ont été relâchés, eu égard à leur accointance avec l'Anglais flottant et sa petite bande.

Je range mes affaires de spéléo, tourne le dos à mes étagères où les livres ne se lassent pas de faire naître une sueur de poussière. J'appelle un ami libraire comme un nourrisson réclame son biberon. Il me répond qu'il n'a pas MON livre dans sa librairie, mais chez lui. Une vieille édition de 1936. Quand elle était enfant, sa femme profitait elle aussi de l'été pour aller le dénicher dans le grenier de sa grand-mère, fière d'avoir conservé ce livre de prix récolté par son fils excellent en géographie. La maison, un triste jour, fut vendue, vidée comme un poulet, et la petite Carole ne pouvait plus s'extasier à sa lecture. Elle retrouva les trois gaillards chez un bouquiniste, dans la même édition mais sans la présence de la petite étiquette honorifique collée au revers de la couverture de mon *Voyage à dos de baleine*. Dans le mitan du livre, on peut découvrir une publicité vantant, hors texte, les qualités indéniables des crayons Baignol et Farjon, « pour l'école, le bureau et l'Administration, les meilleurs parmi les bons ». En bas de cette réclame un tampon affiche la tête d'un marin pêcheur de morue, sans doute lointain cousin du capitaine Kincardy, fumant son brûle-gueule, observant au loin une baleine sur laquelle il s'apprête à installer le fameux Hydrostat.

Cette lecture de navigation au long cours me procure le même plaisir que toutes les autres, reliées entre elles par les fils anciens du temps, pour composer un seul livre assemblé par la totalité des autres, les meilleurs parmi les bons. Je relis encore, allongé en pensée au fond de la barque anglaise, un passage presque connu par cœur, je ferme les yeux, et les cligne tant les mots prennent parfois malin plaisir à s'éclipser : « Moi, j'aime bien les écluses »… « … disparaître presque du monde et attendre que la lumière en minces filets passe dans l'entrebâillement des sombres portes jusqu'à ce que la belle et souriante rivière apparaisse dans son ampleur »…

CHAPITRE 6

Quand le lecteur est poliment invité
à suivre l'auteur dans un cabinet
où la lecture se fait bizarrement épingler.

À louer, résidence tout à fait secondaire, sise au cœur d'un jardin selon l'échelle – c'est-à-dire un mètre sur le terrain équivaut à cinq dans la mémoire d'enfance –, deux pièces. L'une, close par une porte métallique à barreaux avec serrure, sert d'abri à outils dudit jardin, à savoir, bêches, pelles, binettes, râteaux, semoirs, tamis, arrosoirs à pomme de cuivre en métal galvanisé, sulfateuses de vigne, sabots et bottes. Autre pièce à usage intime, sans fenêtre, mais avec petit cœur pratiqué dans une porte à fermeture intérieure. Idéale pour une personne, avec reposoir pour les pieds de part et d'autre d'un trou d'évacuation des matières. Toit en tuiles de Chagny et petite cheminée d'aération directe avec vue sur le ciel. Équipement PLI (Possibilité Lecture Improvisée) d'origine.

Assis à la turque, bien calé sur mes petites jambes bien huilées, je tends la main vers ce fameux PLI : une accumulation de journaux découpés en carrés approximatifs, reliés par un fil de fer recourbé. Terrible liaison que ce fil de fer assemblant fonction organique, lecture et enfance. J'y associe celui d'aimantation car j'y entends aimant, amant, amour, aimant d'amour... Et je lis : « Effroyable accident sur

35

la D17, près de G... Une automobile transportant quatre pers..., pour une raison inconnue, est entrée en coll... avec un train au passage à niv... Le choc a été effro... On a retiré de la carcasse broyée trois... »

Au lecteur de compléter, par déduction, la suite de ce fait divers interrompu erratiquement par la main de la pourvoyeuse de papier, ma grand-mère. Je ne sais quand cela arriva, ni où précisément. C'est un bruit lointain dans le temps, un roulement de tonnerre mourant. Les mots accidentés, foudroyés par la déchirure du papier se morcellent sous mes yeux. Je feuillette la collection épinglée, cherche, par respect, un autre article pour essuyer mes fesses : l'annonce de la traditionnelle foire aux veaux ; la mise à la retraite d'un garde champêtre ou la programmation périmée du cinéma de mon village, Le Trianon, qui offre à ses spectateurs les images dites d'actualité de l'escalade du Galibier alors que l'épreuve s'est achevée il y a bien quinze jours de cela. Le merveilleux, le tragique, le banal s'apprennent ici, dans ce cabinet de lecture bien nommé par Montaigne quand il désignait sa bibliothèque.

Dans celle de mon père s'alignent les titres d'œuvres théâtrales. Mon doigt de dix ans court sur les dos, comme si je caressais les cordes d'un instrument de musique. Aucun son, bien sûr, n'en sort. Je n'ai plus l'âge des albums du Père Castor, mais ma tendresse pour eux reste intacte. D'hier à aujourd'hui sans oublier demain. Michka, Cigalou, Perlette seront toujours là, riches des émotions ventilées par le tournis des pages. Les traces bleues du petit ours dans la neige, l'itinéraire de Frou le lièvre, dans la campagne à la recherche de son amour de hase. Pas besoin de les mettre sous verre, juste sous cœur, tant les mots y sont à jamais tatoués.

Mais, au cours de la première décennie de mon existence, j'ai soif d'aventures nouvelles. La transition avec les lignes sans images est la plus douce des fatalités. Je m'estime grand, mais les grands vivent dans des galaxies mystérieuses. Cette phrase lue dans *Les aventures du Roi Pausole* de Pierre Louÿs a révélé soudain l'existence, la fascination du désir : « Il flottait dans le lit une odeur de verveine. » Du lit je ne pressens guère encore sa vocation de nid d'amour. Mais qu'est-ce donc, la « verveine » ? Je le saurai plus tard, la rangerai dans les variétés de tisane. Pour le moment, je m'en tiens délicieusement à cette énigme. La verveine serait-elle une créature odorante, une reine aux exhalaisons maléfiques ? Pourquoi entends-je surtout les mots *ver* et *veine* ? Émergent-ils de quelques obscurs desseins ? Mon vocabulaire de l'amour se limite à écrire à la seule reine que je connaisse, pour la fête de toutes les mamans, que je l'aime et l'aimerai toujours. Sans doute ce nom de Pausole m'a-t-il séduit avant de me décourager. D'autres noms m'attirent, *Andromaque*, *Britannicus*, *Phèdre*, *Bérénice*. Je n'ai jamais encore rencontré des personnes ainsi nommées. Ces noms sont des titres de livres. J'apprendrai plus tard qu'il s'agit de tragédies. On n'y décrit rien. Ni fleurs, ni arbres, ni collines. Mais on y parle interminablement. Sont simplement indiqués en italique les noms des personnages qui s'expriment. Sous ces noms, des mots, des phrases qui ne vont pas jusqu'au bout des lignes. Cette mise en drapeau flotte au vent de l'amour ou de la haine. Presque comme dans les récitations.

Depuis mes cinq ans reste dans ma mémoire le tout petit échantillon de l'une d'elles. Il se résume aujourd'hui à une phrase éclaboussante : « Et les

libellules font crever des bulles au nez des gou-
jons. »

Il existe donc une autre poésie. Celle d'*Andromaque* ne fait aucune allusion à ces «demoiselles»
volantes qui tournaient autour de mes bouchons de
jeune pêcheur à la ligne. Ses mots sont ardus, mais
je ne m'y heurte pas. Je contourne leur sens inconnu.
En moi ils font comme une jolie musique, et je me
laisse bercer, percevant un rythme obsédant que je
ne sais pas encore nommer alexandrin.

Penché sur l'écriture de ce *Petit éloge*, je devine,
plus que je ne sens, une main maigre parcheminée
se poser sur mon épaule. Un vieillard me regarde
sans ciller des yeux. «Eh bien, mon petit bonhomme, tu n'es pas en retard sexuellement. »

À l'écoute de cette phrase, je ne suis plus l'écrivain
d'aujourd'hui. Je me sens rétrécir, reculer dans le
temps. Je me revois immobiliser mon vélo le long du
musée de l'Orangerie, à Paris. Ce geste n'est pas ano-
din, d'étranges ondes communiquent entre le guidon
et les pierres ainsi amarrés à un port de culture.

Oui, un homme me parle – un homme qui n'est
pas là – mais dans ma mémoire. Bien que n'ayant
jamais entendu sa voix, je la relie aussitôt à un
visage, à une tête surmontée d'un casque. Un casque
d'or. J'ai quatorze ans. Je viens voir une exposition
de peinture flamande. La première toile, placée
après l'entrée, est un Rembrandt. Comme si ce por-
trait mettait le nez à la fenêtre dorée du cadre, histoire de me voir passer.

Je reste cloué, hypnotisé, captif, plus dans la regar-
dure que dans la lecture de cette toile pour de vrai
au-dessus de mes yeux. Comme si je lisais la description d'un soldat posté dans l'ombre, regard baissé
sous un casque dont je suis des yeux les dorures

entrelacées étrangères aux nécessaires précautions de camouflage.

« Je te revois encore, raconte l'homme-souvenir. Ce jour-là, tu étais le premier visiteur. Tu m'as regardé. M'est alors venue l'idée de te rejoindre pendant que tu rédigeais cette anecdote. Le temps passé par toi à me contempler s'est ensuite étiré sur des dizaines d'années. Dans ta mémoire la persistance de cette émotion s'est avérée plus forte qu'une contemplation ininterrompue mais, récemment, tu as dû entendre des experts et des radiographes parler de moi...

— Oui, il paraîtrait que Rembrandt n'était pas votre vrai papa. Il s'agirait de quelqu'un de son atelier.

— Comme tous les enfants, les tableaux ne se souviennent quasiment pas de leurs trois premières années. Peut-être cela me reviendra-t-il, mais je me fais vieux. Pour moi, cela remonte tout de même à 1653 !

— Pas tant que ça, en ce qui me concerne ! Vous aviez le regard, pointé de côté, vers le bas. Un regard à hauteur du mien. Un adulte ne se serait pas senti impressionné. Mais pourquoi, aujourd'hui, me revenez-vous presque en vrai, posant votre main sur mon épaule ?

— Je m'adresse au toi d'avant, l'adolescent qui découvrait les alexandrins il y a quelques instants, dans ce *Petit éloge de la lecture*. L'occasion était trop belle. Désolé de rester dans cette attitude figée que j'avais quand nous nous sommes rencontrés. Je suis une peinture. Sa lecture par toi est définitive. Alors, je te répète ce que tu as entendu avant de nous retrouver : "Eh bien, mon petit bonhomme, tu n'es pas en retard sexuellement." »

Je reste coi à l'apparition renouvelée de ce dernier mot, si mystérieux. L'autre devine ma gêne :

« Rassure-toi, il ne s'agit pas d'une maladie, genre sexite, comme on parle d'otite ou d'appendicite, ça, tu connais. Mais le mot *sexe*... Tu es un garçon. Évidemment de sexe masculin. Le sexe est notre compagnon de vie, il nous suit comme notre ombre qu'il y ait ou non du soleil. Sans lui, tu n'existerais pas, tu ne pourrais donc savourer la lecture de ces alexandrins. »

J'avoue ne rien comprendre à ce propos.

« Des vers de Racine, tu ne connais, pour le moment, que l'émotion musicale et le frisson du rythme. Tu ignores encore le sens des mots et leur puissance, mais les portes du plaisir s'entrouvrent déjà. Je te le dis, tu ne dois pas l'oublier, ces femmes et ces hommes, qui déclament chez Racine pouvoir, vengeance, haine et amour, déploient des ailes sexuelles dont tu es encore un peu démuni. Dorées mais encore obscures à tes yeux, elles t'enchantent. Un alexandrin est un paon qui fait la roue. Tiens, tiens, retiens bien ces deux vers d'une ode à Aliénor, de Julius Stanguellini :

Belle, secourez-moi, je ne sais que choisir
Ou bien vous revoir ou bien en mourir...

« C'est joli et du joli à la fois, mais ce déploiement de la queue du paon cache mal sa vanité suppliante pour l'objet de son désir. Tout s'explique par la nécessité vitale de donner la vie à des enfants comme toi, d'engendrer dans le plaisir pour qu'ils trouvent un jour à leur tour la même joie à donner la vie. »

Ce personnage s'entêtant à s'adresser au jeune adolescent que j'étais semble ignorer mes cheveux blancs. Un vertige me prend, comme si on me demandait brusquement, enfant, de conduire une voiture ou dessiner les plans d'une cathédrale :

« Mais qui êtes-vous, monsieur ?

— Un vieux spécialiste qui fouille et furète dans les chantiers des écrits, notamment, ici, au sujet des choses de l'amour. La faute à Rembrandt qui m'a figé dans cette attitude fixe, visage calme, neutre, regard baissé, dans l'attitude de l'homme qui lit. Qui lit tout, comme avant, militaire d'occasion picturale, je dégainais face au danger. Je risque de disparaître au fond du puits des lectures, d'où l'utilité providentielle de ma coiffe. Sous mes yeux étrangement fixes ne circulent pas seulement des pages, mais des êtres de chair et de sang, des jeunes garçons comme toi, qui, hélas, ne sont plus que souvenirs, aujourd'hui. Peut-être que mon regard est ainsi à l'abri des visages d'adultes. Ton émerveillement, je l'ai immédiatement perçu. Lis tout. La reproduction des escargots ; les traversées du désert par Frison-Roche ; les lais de Marie de France ; les poèmes de Rimbaud ou les sermons de Bossuet. Explore ces énormes pans du patrimoine littéraire, artistique, philosophique, ce melting-pot, comme vous dites aujourd'hui en franglais, de la mémoire, du savoir. Tu auras ainsi mille autres bonheurs. Moi, je ne laisse que des mots sur l'amour. Mais ne deviens pas trop spécialiste. À trop analyser les textes, on oublie la beauté du vrai monde. Plus tard, je ne pourrai pas lever les yeux vers ton visage devenu celui d'un adulte, je te reconnaîtrai parce que tu ne m'auras jamais oublié. Nous nous retrouverons. Si j'avais une main, elle quitterait ton épaule comme un oiseau s'envole au ralenti ! »

J'aimerais bien qu'il ait existé pour de vrai, ce Julius Stanguellini cité par l'Homme au casque d'or.

Avec l'âge j'ai conservé mon amour pour les alexandrins, mais pour le moment je ne crois guère à cette citation.

Seul est attesté un Stanguellini, constructeur de voitures de course dont un modèle, d'une rare élégance, s'illustra dans une formule de monoplace au temps de mes vingt ans. En cela, le spécialiste d'Amour et Compagnie avait raison. Tout est bon à lire.

Je me suis toujours interrogé sur le pouvoir magnétique des alexandrins, sur leur créateur. Les lire, c'est épouser une respiration scandée d'inspiration et d'expiration, une combinatoire entre renouvellement de la puissance interne des mots et leur diffusion par le souffle.

Inspiration :
Que le jour recommence...
Expiration :
Et que le jour finisse...
Inspiration :
Sans que jamais Titus...
Expiration :
Puisse voir Bérénice.

L'honneur de vivre fait fonctionner la machine respiratoire, marie notre tête à nos poumons. La belle mécanique humaine est là, tout entière. L'Homme au casque d'or avait raison, elle produit des bouquets miraculeux.

Mais il y a mille autres façons de respirer. Les poèmes de Jacques Prévert ne sont pas alexandrins. L'homme était bien trop chien fou, bien trop fumeur de Gauloises ou de Gitanes pour s'alexandriner. Quand j'eus la chance de le rencontrer, ciseaux en main, noyé sous les lettres reconnaissantes de son jeune public, il me fit, à sa façon, un petit éloge de la

lecture, reconstitué par moi dans sa scansion de par-
leur écrivant :

Dans ma maison
Passe l'eau
L'eau courante
Au grand galop de ses tuyaux
Et aussi le courant
Le courant électrique
Mais jamais
La production courante
Ceci n'est pas courant
Des livres que j'écris
En passant
En passant comme un enfant
Mes éditeurs méditent
Qu'il n'est pas bien
De m'en offrir régulièrement
Disent qu'on a tous ou presque
Des enfants qui doivent bien
S'en aller ailleurs
S'en aller sur le chemin
Le chemin obstiné des yeux de chasse à courre
Et moi, je suis à court
De mes pauvres enfants
Alors un jour
Qui luit pour tous les enfants
De papier ou de sang
Je descends au Prisu
J'y trouve et « Paroles » et « Spectacle »
Et j'arrive à la caisse
Où est enfermée
La plus belle
La plus jeune fille du monde
Elle regarde mes mains
Reliées à mes livres

Eux aussi reliés, brochés
Et d'elle rapprochés
Et la plus belle
La plus jeune fille du monde
Décaissant tous ses yeux
Me dit Monsieur
Ah Monsieur c'est bien
Vous allez aimer
Et je suis reparti avec mes livres
Mais sans la jeune fille
La plus belle
Et la plus jeune aussi
À qui je dis merci
Le plus beau
Et le plus jeune aussi
Merci du monde

L'homme peint par Rembrandt avait raison. Alexandrins ou pas, la lecture mène à l'amour.

Au bord du Luech cévenol, j'aimerais qu'une autre main, virtuelle ou non, se pose encore une fois sur mon épaule. Celle, par exemple, d'un spécialiste en remous des gués qui projettent, sur les pierres plates les plus proches de la surface, d'étranges disques comparables aux éclipses totales de Soleil. Astres fugaces de la galaxie aquatique, ils sont ceinturés d'une lueur parfaitement circulaire, ils défilent isolément ou par paquets, et semblent chercher leur route pour mourir aussitôt. Je serais heureux d'en connaître la si nécessaire explication. Elle existe, cachée dans quelques traités exposant les mystères de la lumière. Moi, par vocation poétique trublionne, je pousse seulement la porte de l'imaginaire puis me régale du chant des cigales, ces machines à coudre le silence.

CHAPITRE 7

Où l'on fait connaissance
avec un Grand Chaperon rouge
qui faisait la lecture à un écrivain
mis hors d'état de lire.

J'ai soif. Besoin aussi de pain. Au millième virage d'une petite route qui me conduit à Tarabias, une petite épicerie, au guingois évident, m'offre en guise de bar non officiel deux ou trois tables accompagnées de chaises dépareillées.

Un homme plutôt brun de peau, tout en rouge, polo, short, baskets et canette de la même couleur à la main, est assis sur une de ces chaises. Sa figure semble échappée d'un western où Mexicains et gringos ravagent des villages, font pleurer les filles puis passent de la couardise au sourire cruel apparu en gros plan. Pourtant, ce Grand Chaperon rouge attardé me lance un regard de fin heureuse de conte pour enfants.

« C'est quoi comme numéro de département, soixante et un ?

— Orne, Normandie.

— Ah, je ne vais jamais par là. Je navette toujours d'ici, de la Cévenne à Albi. »

J'évoque le musée Toulouse-Lautrec, mais il lui préfère la cathédrale à la lumière intérieure sans cesse modifiée par la course du soleil. Il se dit non croyant mais toujours saisi par le silence sans autre écho que celui de ses pas dans la nef au point de vouloir un jour assister à une messe.

Devant lui bricolent deux types sortis de *Délivrance*. Mécanos à tout faire, pointilleux sur le copinage, ils vident les circuits de la nouvelle bagnole de l'Homme rouge à lui cédée par le jeune épicier, l'ancienne ayant embrassé de trop près une autre.

Le Chaperon me signale, avec la même douceur de voix perçue dans son regard, qu'on est à deux pas de la maison de Jean-Pierre Chabrol. Je cite *Les rebelles*, *La gueuse*, *Le canon Fraternité*. Il hoche la tête.

« Alors, me dit-il, il est mort, Chabrol, il y a bouh... bouh... bouh..., soupire-t-il, avant, il vivait plus bien du tout, surtout à la fin. Accident vasculaire. Condamné au fauteuil roulant à peine. Oxygéné dans le nez. Il survivait, mais un peu ailleurs déjà. Quand... quand je passais le voir, il me suppliait de lui faire la lecture. Toujours les mêmes livres, sur la guerre d'Espagne. Ça me plaisait beaucoup. Je mettais le ton et tout. Comme à l'école. Dire un livre, c'est encore plus beau que lire. Au bout d'un moment, il s'endormait. Mon silence le réveillait. Il tournait sa tête tenue en laisse par la perfusion et me disait :

« "Tu es un bon, toi..."

« Et je partais. Après, il est mort. Sa jeunette de femme a tout bouffé. On dit qu'elle fait des fromages au Brésil. »

Mon homme rouge pose sa canette :

« Un jour j'écrirai, vite. J'écris très vite, sur tout ce qui m'entoure, sur tous ceux qui m'entourent aussi. Si je suis bon, que je sois bon à écrire, non ? »

Le quittant sans doute pour toujours, en lui serrant la main me revient soudain un passage des *Chroniques pragoises*, recueil de nouvelles de Rainer

46

Maria Rilke : tout lecteur parcourt des lignes d'écriture qui filent comme des stratus cavaleurs. Mais parfois, il arrive que dans cette trajectoire les yeux tombent en arrêt, dans un grand crissement de paupières, et viennent heurter l'inattendu, un accident heureux qui fait révélation. Ils font alors marche arrière, s'y reprennent à deux fois, remontent à la naissance de la surprise. Dans une de ces nouvelles, « Le Roi Bohusch », des amis se retrouvent au café. Rilke décompose une poignée de mains en trois temps, dans un ralenti cinématographique, avec une minutie saisissante. En voici une esquisse.

Premier temps : hésitante, la main « répond à la prière des mains qu'on lui tend ».

Deuxième temps : « La main parle avec force à la main qu'elle étreint. Sentez-vous bien l'importance d'une telle minute ? »

Troisième temps et dénouement : « elle lâche toutes les mains offertes ».

Ces trois moments aiguisent l'attention sur la jonction entre deux peaux qui s'imbriquent, pouce ouvert, enserrant les jambes tendues de quatre doigts, francs ou réticents.

Au moment précis où je rencontre la main du Grand Chaperon rouge, Rilke s'invite en douce parmi nous sans vouloir s'immiscer dans notre discours. Nous dirige-t-il comme ses personnages ? Abandonne-t-il le fil de son histoire pour nous prendre à témoin ? Peu importe. Plus tard, je serrerai bien d'autres mains. Rilke n'était pas là cet après-midi-là, pas plus que le lendemain, mais l'étincelle du souvenir de ma lecture passée est toujours présente.

Les deux mécanos m'adressent un adieu graisseux. Un liquide bleu poison coule des tripes de la voiture et dessine l'étonnement d'un pissenlit condamné.

CHAPITRE 8

*Où l'auteur, allongé sur un rocher, ouvre
un livre grand format que chaque lecteur
possède pour peu qu'il lève la tête.*

Parmi une et mille lectures, celles du ciel sont mes favorites. Toujours au bord du Luech, le dos plaqué sur le bombé des schistes passés à la limeuse des eaux, je bulle du regard sous un bleu de ciel étalé au pinceau des derniers beaux jours. Un nuage à la présence insolite soudain s'apprête à entrer en scène, jette un regard entre les pins.

Je ferme les yeux. Mes paupières restent closes quelques minutes. Puis, à leur lever, le minicumulus a grossi, pris une allure de trou du cul au centre d'une seule fesse en chou-fleur. Personne n'applaudit le transformiste éthéré. Insuccès total de l'image que le nuage remodèle maintenant en un sein dégradé par une métastase. Puis se fait hugolâtre, trace le profil de Gavroche chantant. Le gamin, assassiné, on le sait, s'efface pour être remplacé par Cervantes dont l'œil bleu regarde, paupière tombante, sa barbe s'effilocher. Une intervention chirurgicale pratiquée par un zéphyr de hasard le fait renaître en sorcière au nez évidemment crochu, lançant ses malédictions à un rhinocéros sans scrupule qui gobe sa tête arrachée.

L'entracte survient. Je suce savoureusement un bonbon à la réglisse. Après quoi, bien faux présage par cet après-midi caniculaire, mon nuage repart, sous l'apparence d'une boule de neige devenue aussitôt un têtard sans queue. Ne reste de lui qu'un slash décoré de deux petits zéros blancs. Le sigle du pourcentage. Un nuage à quatre-vingts, quatre-vingt-dix, quatre-vingt-quinze pour cent de pertes. Dès lors les deux points estiment ne plus être utiles et fondent à leur tour. Le slash s'allonge pour mourir. Je ne veux pas voir ça, ferme les yeux. Deux secondes plus tard, le bleu renaît pour tomber sur la représentation unique d'un spectacle du ciel et de sa lecture.

CHAPITRE 9

Quand un adolescent est hypnotisé
par la découverte de livres qui
engloutissent tout son argent de poche.

Et je reviens au loin, au loin teint de mon adolescence. Dans l'avenue tous commerces de Livry-Gargan, j'étais allé retirer mes premières lunettes. J'ai le vif souvenir de mon émerveillement de bonne vue, celle des feuilles tendres du printemps en robe de tilleul. Chacune se détachait de l'autre, débarrassée du léger flou dont je ne doutais pas, jusqu'à cet instant, qu'il fût normal. Une petite librairie jouxtait le magasin des yeux. C'est devant sa vitrine que l'appel des livres se fit entendre puis voir avec la même netteté. Les livres pour grands, que je découvrais petit à petit, mentionnaient leur auteur, leur titre, et, à la base, le nom de l'éditeur. Les pages pliées de ces ouvrages coûteux devaient être séparées d'un geste de boucher habile à l'aide d'un coupe-papier. Elles laissaient alors échapper une odeur de sang de papier frais, suffisamment enivrante pour la garder toujours en mémoire. Les livres à la mode nouvelle ressemblaient, eux, à des affiches de cinéma mais en beaucoup plus petit. Ils pouvaient tenir dans une poche. Celles de mes pantalons, larges et profondes – Rimbaud aurait pu y fourrer ses poings –, disparurent avec l'apparition des jeans dont lesdites poches, devenues pochettes, s'avérèrent si étroites qu'elles étaient capables de vous retourner un ongle.

Tout me poussait à l'achat. L'adolescent ou l'adolescente dépeignée à la diable qui figurait sur la couverture de *Kaputt* m'hypnotisait, plongeant son regard bleu dans le mien. Une étrange créature vue de dos s'approchait, menaçante, d'une ville blanche et annonçait *La peste*. Une main crispée rayait de ses ongles un mur qui ne pouvait être que prison. Mes doigts égrenaient dans ma poche l'argent de la semaine. Je peux encore en donner le montant. Cent cinquante francs de l'époque, prix d'un volume simple. La collection était numérotée par ordre de parution. Le premier tiercé gagnant fut :

le 3, *Vol de nuit*,

le 44, *Les Raisins de la colère*,

le 33, *Le mur*,

et le numéro complémentaire :

le 19, *Kaputt*.

L'ennui, avec ce dernier titre, était qu'il était classé double et engloutissait une semaine et demie de subvention parentale. Quant aux volumes triples, ils me ruinaient pour quinze jours. Adieu bonbons, avions et voitures miniatures, mais bonjour la lecture. Quel éditeur de génie avait pu dénicher pareils chefs-d'œuvre. Ils étaient deux, se cachaient en toute dernière page. Tout à fait inconnus de moi. Leurs noms étaient dignes d'un titre de comédie de Labiche : *Brodard* et *Taupin*. Il me fallut un peu de temps pour réaliser qu'il s'agissait de la mention des imprimeurs. Le nom de l'éditeur figurait bien lui aussi, mais sur la page de titre que je sautais, tout à cette rage de lire qui m'envoyait sur le tapis déroulé des premières lignes de Saint-Exupéry, Steinbeck, Sartre et Malaparte.

Ces livres sont toujours là, bien alignés, à ma

hauteur, quand je suis assis dans les toilettes. Par pudeur naturelle, ils ne montrent que leur nom dont la lecture verticale demande une légère inclinaison de ma tête en guise de salut. Le papier blanc a jauni, contrairement à mes cheveux blonds passés au blanc, mais ces amis me font clin d'œil et s'ouvrent comme des fleurs sous la chaleur de mes doigts.

CHAPITRE 10

Où l'on découvre que la lecture du dos
des cartes postales révèle autant de souhaits
de bonne santé que de projets meurtriers.

Les cartes postales anciennes sont destinées aux boîtes à belles lettres. J'aime ces éditions de poche qui possèdent elles aussi une couverture illustrée et, au verso, un minirécit payant, manuscrit, dédicacé et expédié vers une petite bibliothèque éphémère. L'âge d'or de ce genre remonte à une bonne centaine d'années. Le temps ayant passé, les correspondances sont tombées dans le domaine public. De nos jours, quelques mots assemblés en forme de haïkus déclinent obstinément des paroles de bienvenue, de bonne arrivée, de bon séjour, de pleine satisfaction.

Les illustrations des livres-cartes postales m'attirent moins que leur verso. Cet écho de vie inconnue, rédigé à la main, soigneux reflet du savoir-écrire sans fautes, s'étire, incliné vers la droite, semblable aux fumées dont les enfants ornent les cheminées de leurs maisons dessinées.

À leur lecture s'ajoute le théâtre que ces voix couchées adressent à des inconnus de moi dans une mutuelle ignorance les unes des autres. Sans souci d'unité de lieu, d'action ou de temps, passées à la postérité, elles dorment dans une boîte à chaussures dont le couvercle se soulève comme un rideau de carton.

LE DESSOUS DES CARTES
DRAME EN CINQ TABLEAUX

PREMIER TABLEAU

Le décor représente un immense drapeau tricolore d'où semble sortir un cavalier à pantalon rouge, capitaine de hussards...

MONSIEUR HASSE, *à Monsieur et Madame Oriot*

J'ai retrouvé mon couteau. Je viens de terminer mes affaires, et je suis obligé de rentrer par Mâcon, n'ayant plus de train pour Saint-Gengoux à Chalon. Je vous embrasse bien.

DEUXIÈME TABLEAU

La toile de fond reproduit une photographie en noir et blanc d'un petit village depuis une route poudreuse. Un facteur tend une lettre à une femme. Des figurants prennent la pose un peu plus loin...

ALICE, *à ses cousines*

Nous sommes tous en bonne santé, je désire que vous soyez tous de même ainsi que la tante Marie. Émile a bien de la chance d'être resté là car vraiment, ils sont malheureux. Nous avons été voir ce pauvre Alfred à Argentan, cela fait de la dure pitié de le voir, l'on se demande comment ils seront quand ils seront sur le front, je ne sais s'il va y rester encore longtemps, car voilà plus de huit jours que je n'ai pas de nouvelles, cela m'inquiète, j'ai peur qu'il soit malade et maman qui se tourne le sang à son sujet, ah, vous savez, dans des moments comme cela on donnerait bien sa vie pour rien et à quand ça sera-t-il fini, on se le demande.

TROISIÈME TABLEAU

Une photographie occupe toute l'arrière-scène. Y figurent deux trieuses de charbon. L'une d'elles sourit en noir. Tout est gris, sauf les coiffes de protection de ces nonnes du carbonifère.

JEANNE, *à Madame Bouquet*

Aussitôt que nous avons appris que des avions allemands avaient survolé Paris, nous avons pensé à vous. C'est pour cela que nous voudrions recevoir de vos nouvelles et de celles de Raymond. J'espère que vous n'avez eu que la peur et que vous êtes tous en bonne santé.

QUATRIÈME TABLEAU

Reproduction de Notre-Dame de Paris traitée à l'aquarelle. Trois femmes en robe rose se promènent devant les bouquinistes. Une ombre mauve s'est arrêtée à mi-hauteur du monument.

X..., *à Soso*

Rien de toi aujourd'hui et je me demande ce que cela veut dire, tu es une vilaine paresseuse de ne pas avoir écrit en arrivant, suivant ta promesse. Lundi matin, tu m'as bien laissée tomber au train. Je suis restée à la même place le long de la grille jusqu'à 7 heures 40, espérant toujours te voir revenir pour m'embrasser et me faire tes adieux mais lorsque j'ai vu la lanterne rouge du train se perdre dans la nuit, j'ai compris que je n'avais plus d'espoir de te revoir.

Le décor représente encore Notre-Dame, mais en noir et blanc, sous un ciel nuageux. Quelques personnes vont et viennent autour de vieux autobus garés sur le parvis.

GABY, *à Soso*

Merci pour ta longue lettre qui m'a fait bien plaisir, nous avons reçu hier les cassis, c'est parfait. Ci-joint 300 francs pour solde et dépenses futures. J'aurais grand besoin de ton calme. Tu sais que je crois que je ne serai jamais comme toi d'avoir une vie sans nuages dangereux. Tu ne parles pas au sujet de Robert. Tu peux m'écrire à ce sujet. Maman est au courant, ainsi que pour Jean. De ce côté hélas, pas une lueur d'espoir. Sa maîtresse veut toujours me tuer, s'il la quitte pour moi, pourtant je l'aime et lui aussi. J'en souffre beaucoup et il n'y a pas de remède. Seul le temps et la séparation feront peut-être oublier cet impossible amour.

Telle est la plus courte et la moins connue des tragédies, commencée avec un couteau, s'achevant par un impossible amour. Quatre femmes et un homme se soucient, désespèrent. Je pourrais rebattre ce jeu de cartes, imaginer des liaisons entre les personnages, car enfin, ce couteau, a-t-il servi à tuer Gaby ? Puisque toute lecture peut mener à la création, pourquoi ne pas jouer avec les morceaux choisis du hasard ? Ils sont un puzzle à reconstruire, des ruines intactes, des mots sauvés de l'oubli par un regard bref qui saute-moutonne par-dessus un siècle périmé d'avoir tant vécu. Mais ne pas se souvenir de toutes les lectures a du bon, le contraire ferait de nous des rapporteurs ensevelis sous des monceaux de citations adaptées à chaque moment de la vie. Nous n'existerions plus que par intérim, par viatique, évangéliquement.

Mieux vaut garder dans le grenier des mémoires quelques fleurs séchées au parfum persistant. Leurs retrouvailles sont les bienvenues, mais l'imaginaire personnel doit préserver la discrétion des énoncés. On peut se promener au bord d'une mer démontée sans faire appel à Jean-Roger Caussimon, à ses « chevaux d'la mer [...] qui fracassaient leur crinière », ou encore à Mantoue, quand arrive une musique de ruelle, sans chantonner qu'« est arrivé un limonaire / avec un vieil air du tonnerre / [...] si bien que tous les gars d'la bande »... Les mots, un jour ramassés, marqués au fer rouge, reposent au fond du sac des souvenances, en leur mitan, ou en dépassent prêts à tomber, heureux de s'en échapper pour revenir au monde des sons glaner du rêve, émouvoir ou relayer la parole.

Ils s'excusent parfois de ne trouver personne et promettent poliment de revenir, propos que bien sûr nous n'entendons pas et, pas à pas, nous passons notre chemin ou par le leur.

CHAPITRE 11

*Où l'on voyage en compagnie de Mac Orlan,
Brébeuf, Chester Himes et Antonin Artaud,
passagers clandestins d'un drôle
de train de vie.*

La lecture est eau, elle file entre les doigts de la mémoire, elle a des résurgences brutales ou paisibles, amicales ou hérissantes. Derrière les yeux se démène l'infatigable magasinier de l'anamnèse qui cherche, trouve, ne trouve pas, s'empare soudain d'une référence, pointe son doigt en signe de trouvaille inopinée ou d'échec.

Ainsi, je marche le long d'une route sarde aux trottoirs délabrés, d'entrepôts obsolètes et me reviennent par accident sans gravité les lignes de Mac Orlan...

> *Et nous étions si fatigués*
> *Dans ces venelles malitornes*
> *Que nous cherchâmes une borne*
> *Afin de reposer nos pieds.*

Pieds et ciment sont bien là, placés à la fin des vers, à la bonne place. Je pourrais ne pas m'en souvenir, mais si je reprends l'image de l'eau que la main ne sait retenir, j'en décèle encore quelques gouttes sur les doigts à la merci de la naturelle évaporation. La mémoire est semblable. Tant de choses archivées, sauvegardées, écoulées, noyées...

Me voici donc élogiste, travailleur éphémère car

nouveau dans ce métier. Jadis, bien avant une rafale de grands-pères dont je n'ai même pas connu le dernier, mort en août 1914, un écrivain rédigeait sur commande ou de lui-même un éloge en faveur d'un homme, d'une femme et, plus rarement, d'une chose, tels l'artichaut ou la tomate, comme l'a si bien fait Pablo Neruda dans ses *Odes élémentaires*.

Elogium, en latin, voisine dangereusement avec *épitaphe*. On dit que la lecture, aujourd'hui, est en grand danger. Je ne suis pas joueur d'orgue, elle ne *passera pas à l'église*, comme on dit dans les enterrements campagnards. Je lui rends les honneurs civils qui ne seront pas derniers. Et chez moi passe tout ce qui m'est donné à lire, du billet de train à la Bible. Immense magasin. Autant de genres qu'il y a de gens... J'entends le roman policier se rebeller : *Et moi ? Et moi ?* Car enfin on peut bien avoir un bon polar comme on a un bon copain et prendre avec lui le train...

« Avec moi », me recommande une voix de moi maintenant bien connue, celle de l'Homme au casque d'or.

Le spécialiste de l'Amour est donc de retour. Je ne parle pas pourtant poésie.

« Mais, mon cher, l'Amour et la Mort, amore, amore, malentendu bien entendu. Le destin d'aimer et celui de mourir. Mieux vaudrait pour toi de ne pas prendre froid à enfoncer des portes ouvertes. Le polar, comme on dit maintenant, a droit de cité. C'est un joli et fascinant trépasse-temps de tuer le temps. La Série noire porte bien son nom, elle est faiseuse de veufs, de veuves en vingt-quatre heures ou en une fraction de seconde, le temps d'un coup de feu ou de couteau. Pour Marguerite Duras, les lecteurs s'y adonnent, comme dans bien d'autres livres, au voyeurisme ou à la nostalgie d'une époque, d'une ambiance révolues. Mais tous les polars ne se situent pas dans le passé, dans l'histoire. Le polar social est bien ancré dans notre temps. Tu sais, avant, il existait des romans dits de gare. On peut encore en trouver, qui valent ou ne valent pas tripette. Je crois que le mari de la comtesse de Ségur s'occupait de ce genre de commerce de papier ferroviaire. Des petits malins nommèrent un jour certains de ces bouquins des *Paris-Brest*. Au temps de la vapeur, la durée du voyage entre ces deux villes était d'une demi-douzaine d'heures. Les polars tuent autre chose que le temps. Le jeu consiste à savoir qui est mort, par qui, comment, pourquoi... Du haut de notre petit Olympe cervical, on suit la partie engagée entre l'argent, le désir, la haine et des héros autoproclamés nés policiers ou truands. Le progrès rapide a fait fondre la durée des voyages. Action ! Action ! Chansons de geste brutales, cités sans soleil, sans fleurs, ruisseaux de sang sous la porte de chambres à trois sous, le temps de tuer n'a pas souci du temps qu'il fait. Il y a de ces livres...

— Je vous signale que j'écris un petit éloge de la lecture.

— Tu as bien grandi depuis notre première rencontre. Dis-moi, franchement, as-tu bien lu de tels ouvrages ?

— Comme tout le monde.

— Naturellement, naturellement. À chacun sa petite évasion. Mettre le réel en sommeil, lui laisser prendre un peu de repos. L'alexandrin et la prose rafaleuse du polar ont la même utilité d'anesthésie locale réduite au format d'un livre.

— Vous avez raison, j'ai parlé ici d'un voyage en train givré, des reflets d'éclipses, des remous de la rivière, de la forme changeante d'un nuage. Mais j'ai aussi beaucoup appris sur la vie avec Chandler,

Chester Himes ou Simenon. Chez eux, la couleur du sang n'étouffe pas les battements du cœur des gens.

— C'est encore de l'écriture, donc de la lecture. Tiens, écoute ce que nous a laissé le poète Brébeuf, traducteur de Lucain :

C'est de Tyr que nous vient cet art ingénieux,
De peindre la parole et de parler aux yeux
Et par des traits divers de figures tracées
Donner de la couleur et du corps aux pensées. »

Mon petit vieux se tait, me laisse déguster ces quelques lignes, puis reprend :

« Je t'ai entendu renoncer à l'usage d'un couteau perdu puis retrouvé par un Émile de carte postale, tu sais, celui qui doit faire un détour pour une histoire d'horaire de train. C'est bien lui, l'assassin de Gaby. Il brouille les pistes, se crée un alibi. Sa prochaine victime sera la paresseuse Soso qui a négligé de faire ses adieux à cette femme éperdue derrière les grilles du chemin de fer. Bah, il sera bientôt derrière d'autres grilles dont il s'échappera à la faveur d'un bombardement allemand. La machine est en route. Les sens en alerte. Des engrenages attendent leur huile de sang. Si nous prenions le train, nous aussi ? Nous aurions sous les yeux le grand livre déroulé du paysage. »

Je proteste :

« Les fenêtres des wagons ne servent plus à rien. Le paysage y court trop vite. Sous l'effet illusoire de la vitesse, les rivières ont des allures de serpent-minute, les champs sont hachés, les vaches foncent comme des guêpes, les arcs-en-ciel se déploient comme des éventails et les gares offrent leurs noms sous la forme de hiéroglyphes supersoniques. Les passagers refusent ce livre-là. J'entends Antonin

Artaud bougonner qu'il ne conçoit pas d'« œuvre comme détachée de la vie », même si elle défile à grande vitesse. Comme il est loin le temps suspendu des gares. Oubliées, les grappes de têtes fleuries aux fenêtres...

— Comme tu voudras...

— Vous n'y verriez qu'une majorité de formes recroquevillées sur les fenêtres de leurs ordis. Les mots, les images, les graphiques, les rapports insipides, les jeux de dominos cybernétiques signent la fin du paysage mouvant. Bientôt les trains seront blindés, sans ouverture sur le monde. Il faut s'y préparer. Déjà, une douce voix de sirop, préenregistrée, annonce la prochaine station aux énucléés que nous sommes devenus, recommande de ne rien oublier. La correspondance annoncée n'est ni lettre ni carte postale, mais numéro de quai et arrivée d'un autre train fou de nouveaux parcours.

— Si tu le dis... Je ne t'ennuie pas plus longtemps mais je pense que nous nous reverrons.

— Un jour de neige, dans une saignée morvandelle, un homme de mon âge d'aujourd'hui prit à témoin les passagers en criant : "Mais regardez donc, c'est encore bien plus joli qu'une carte postale !" Personne ne leva la tête, le prenant pour un dérangé. Chacun se tut, soulagé de le voir descendre à la prochaine gare. Peut-être était-ce vous, déjà, sous une autre apparence, celle de Robert Doisneau.

— De qui ?

— De Robert Doisneau.

— Un peintre ?

— Non, un photographe qui picorait la vie des gens au cours de ses promenades dans Paris et sa banlieue. »

J'ai connu Doisneau lors d'un salon du livre près de Poitiers. Nous avions pris le même train de retour vers la capitale. En première classe, au temps déjà lointain des compartiments. Huit hommes assis sur deux banquettes en vis-à-vis. Nous habillés à la diable, les six autres en uniforme noir ou gris des bons soldats des affaires plongés dans la lecture d'impérieuses stratégies commerciales, feuilletant et annotant des documents. Doisneau, soudain, m'interpella :

« Pef... Pef... ! Je connais ce trajet depuis fort long-temps et je viens juste d'apercevoir, le long de la voie, une toute petite maison qui m'est familière. Elle se déplaçait de la droite vers la gauche. Nous nous dirigeons donc bien vers Paris. »

Les voyageurs relevèrent leur stylo puis leur tête avant de se replonger dans leurs dossiers. Un clique-tis d'aiguillages accompagna l'air chantonné par le photographe qui, un peu plus tard, se leva, s'excusa du dérangement auprès des autres passagers et gagna la fenêtre, promenant sa main tout autour du cadre métallique. Je lui demandai s'il cherchait quelque chose.

« Oui, à changer de chaîne. Je connais celle-ci par cœur, depuis le temps. Eh bien non, impossible ! »

Robert revint à sa place et finit par s'assoupir. Les hommes dits d'affaires, agacés par un tel comporte-ment, ressemblaient à des animaux occupés à engloutir leur ration de foin de papier. Le photo-graphe dut ressentir leur gêne et en profita :

« Pef, me lança-t-il réveillé, je suis triste, j'ai envie de pleurer.

— Tout va bien, Robert, tout va bien...

— Non, ça ne va pas. Je pense à notre prochaine arrivée à Paris. À ces deux infirmiers en blouse blanche qui déjà nous attendent pour nous ramener à l'hôpital psychiatrique. La récré est finie, crois-moi. »

Je lui tendis la main :

« Calme-toi, viens, viens dans le couloir. »

Nous tirâmes la porte, laissant les autres à leur urgence scribouillarde. Appuyé sur la barre d'appui de la fenêtre, Robert chuchota :

« Tu veux rigoler ? Écoute, l'autre jour j'étais à la Fnac pour acheter du papier argentique pour mes tirages. Un homme, jouant à cache-cache entre les étagères, ne cessait de m'observer et finit par m'aborder :

« "Pardon, monsieur, c'est étonnant comme vous ressemblez à Robert Doisneau.

« — Vous croyez ?

« — Oui. Ah, Robert Doisneau ! Dommage qu'il soit mort. Je l'aimais beaucoup."

« Et l'homme, visiblement troublé, s'éloigna.

« Tu te rends compte, ces types, derrière nous, ne m'ont pas reconnu et celui du magasin m'a fait passer pour mort. »

Sur le quai de la gare d'Austerlitz, pas d'infirmier en blouse blanche. Seulement la petite foule pressée des arrivants et celle des chercheurs impatients d'accueillir familles, amis ou collègues. Des gens anonymes, lecteurs de livres, de photos, de journaux, de rien ou d'un peu de tout, et nous deux, Robert et moi, humbles constructeurs d'images graphiques ou typographiques.

CHAPITRE 12

*Où l'auteur garde les moutons et les chèvres
en compagnie du grand reporter
« Petit Riquet » puis, bien plus tard,
fait appel à Jack London.*

Victor Hugo se dit « les pieds sur terre et les yeux ailleurs ». Les lecteurs, qu'ils soient debout, assis, recroquevillés ou allongés sont les purs colocataires de cette phrase. Enfant, gardien estival de moutons, de chèvres ou de vaches sur une colline bourguignonne, je me protégeais du soleil vertical sous une grotte artificielle surmontée de la Vierge Marie aux bras lourds de compassion envers les victimes d'une peste ancienne. De petits bouts de buis déposés dans les creux du calcaire laissaient les dernières traces de pèlerinages printaniers. Mes copains de garde, fils de fermiers, venaient souvent « en champs », comme on disait, avec de petits fascicules illustrés dont le héros, un reporter en noir et blanc, sans doute un cousin éloigné de Tintin, s'appelait Petit Riquet, dont je lisais les aventures sous le ciel et *les yeux ailleurs*, mal dirigés. Mes parents instituteurs estimaient en effet que la bande dessinée représentait pour la jeunesse un danger mortel, un massacre des valeurs de la lecture, un dévoiement total des mots enfermés dans des bulles, elles-mêmes prisonnières de cases suppléant la narration ou la description d'actes par des dessins enchaînés les uns aux autres.

Je me souviens d'une péripétie vécue par ce coureur de dangers. Atteint par un uppercut ou un crochet, il n'avait que le temps de s'écrier : « Au sec… » Je me souviens encore mieux de mon étonnement à la lecture de ces deux mots. Pourquoi la victime provisoire de ce coup de poing faisait-elle appel au sec ? Sa quête de liberté et de justice prenait-elle l'eau ? Au loin brillait la Grosne, ma rivière, dont les méandres apaisés semblaient se refléter dans les rouleaux de fumée des trains à vapeur. Au sec… Au sec…, je relisais les mots et ne comprenais pas le sens de l'image qui avait fait naître ce cri. Cinquante ans plus tard, je me plongeai dans *La piste des soleils*, une nouvelle de Jack London. Le narrateur avait trouvé refuge dans une cabane décorée de couvertures de magazines policiers : son compagnon, un Indien, les étudiait, l'esprit visiblement embarrassé. « Il continua de fumer, puis enleva la pipe de sa bouche et s'en servit pour montrer la gravure de la *Gazette de Police*.

« "Cette gravure, que signifie-t-elle ? Je ne comprends pas."

« Je regardai la gravure. Un homme, de visage absurdement méchant, la main droite pressée dramatiquement sur son cœur, tombait à la renverse sur le parquet. Lui faisant face, il y avait un homme tenant un revolver fumant ; son visage était un mélange d'ange et d'Adonis.

« "Un homme est en train de tuer l'autre homme, dis-je, conscient de mon propre embarras et de ma pauvre explication.

« — Pourquoi ? dit Sitka Charley.

« — Je ne sais pas, avouai-je.

« — Cette gravure n'est qu'une fin, dit-il, elle n'a pas de commencement.

« — C'est la vie, dis-je.

« — La vie a un commencement", fut son objection. »

À chaque lecture de ce passage, je me dis que je fus ce petit Indien. J'avais abordé, avec *Petit Riquet*, un instant arrêté, ignorant les codes de la bande dessinée si vite appris et retenus. Mais je mis beaucoup de temps à comprendre que ce mot tronqué « Au sec… » laissait dans son sillage trois petits points qui cachaient un ours, celui du mot se*cours*.

Je me revois encore, assis sur la borne de granit qui millésimait l'édification de la grotte, le dos râpé par la voûte, statue vivante sous la Vierge de fonte peinte, avec cette image du commencement de mes lectures sans fin.

Des *assis* comme moi, des lecteurs, j'en rencontre partout, moins rêches que ceux de la bibliothèque de Charleville évoqués par Rimbaud. Je les croise dans des métros, des trains, des avions, qui ne souhaitent pas se laisser distraire comme si, autour d'eux, s'était constituée l'invisible paroi de chambres occupées. *Do not disturb !* Ne pas déranger ! Ne secouez pas la serrure, ne branlez pas le loquet. Nous sommes tous venus au monde pour profiter de cette chance fabuleuse qu'est la lecture, magique, énigmatique dans sa découverte puis son apprentissage.

CHAPITRE 13

*Où le lecteur met en scène un train,
procède à la lecture d'un visage
et donne un petit rôle à Victor Hugo.*

Le train s'est faufilé dans les tunnels après Dijon, précisément sur les rails de l'ancien PLM, Paris-Lyon-Marseille, pour qui les ouvriers creusèrent ces tanières de roche à deux entrées. Les odeurs de suie, de vapeur et de sueur des forçats se sont évanouies, séchées par la fée électricité. Plus loin, la statue de Vercingétorix au visage qui en fit la sœur à moustache de Napoléon, série 3, cavale au sommet de quelques lignes de défense arborées.

À travers la double paroi de verre, je reconnais de mon enfance le pré inchangé dans son inclinaison, tête boisée et cicatrices de bouchures, ainsi que les arrière-arrière-arrière-petites-filles des vaches dont on disait autrefois qu'elles regardaient passer les trains. En réalité, elles guettaient surtout le regard des enfants penchés aux fenêtres malgré, notées sur plaque de cuivre, quatre imprécations de sorcières menaçant d'une mort affreuse tout contrevenant : « *Nicht hinauslehnen ! Do not lean out of the window ! E pericoloso sporgersi ! Ne pas se pencher à la fenêtre !* »

Ma place est du mauvais côté de mon paysage retrouvé, le dos à la marche. Pas de chance, les dossiers des autres sièges masquent la vue quémandée par ma nostalgie. Une femme occupe celle de mes souhaits, dans le sens de la marche tant espéré, près de la vitre. À quelques hivers près, outre mon siège, elle a pris mon âge. Sur son visage je fais la lecture rapide des accidents de sa vie, les accrocs, le cabossage des joies par les peines, les rides, ces coups de frein à la jeunesse. Elle lit. La main droite posée en coquille sur l'ouvrage. La gauche, à brillance d'alliance, retient l'ouverture des pages qui, selon la dure loi de la reliure, tend à se rabattre sur le cœur du livre. Je ne quitte pas ce visage incliné, cependant trop distant pour noter le balayage des yeux. L'attention parfois se distrait, se perd dans le vert au-delà du verre. L'esquisse d'un sourire remercie le passage rapide d'un buisson de saules prenant bain de racines dans un ruisseau paresseux. La main gauche glisse une dernière page lue sur la petite épaisseur du déjà lu. Mais les bras se relâchent déjà et déposent lentement le livre sur les cuisses. D'un sourire mystérieux, les yeux saluent à nouveau le décor en fuite. La lectrice se redresse, étire le dos, fronce un sourcil qu'elle vient caresser d'un doigt que ses quatre frères amplifient jusqu'à l'encolure du tee-shirt blanc, tandis que l'autre main place le livre sur l'envers et rajuste un gilet noir rendu opportun par l'irruption d'un léger frisson. D'un regard d'instantané photographique, elle détaille le passage d'un inconnu dans l'allée centrale, mais s'appesantit plus longuement sur les pas incertains d'un apprenti dans l'art de la marche. Un bonbon à mâchouiller est tiré d'un sac. Puis les jambes se croisent, le torse se casse, la tête roule sur le côté, en image d'agonie. Quel est donc ce livre ? Roman, poésie, essai ? Quel en est l'auteur ? Que reste-t-il de sa lecture quand se ferment les yeux ? Le bourdonnement des roues prenant leur allure s'éteint, vaincu par le vent né de la grande vitesse. Quelques gouttes de pluie battent en retraite le long des vitres. À mon tour je ferme les miens…

Pas pour longtemps. Un magazine féminin traîne sur le siège inoccupé de droite. Je le saisis. Un visage lisse et figé plonge son regard dans le mien, derrière un maillage de titres prometteurs sur la vertu d'une moutarde épilatoire ou les bienfaits de la beauté à portée de tous. Y figure en bonne place un éditorial que je me résigne à parcourir, homme de passage dans ce ghetto du paraître. Une vingtaine de lignes ferrées à gauche, en drapeau sur la droite, à la façon d'un poème. La blonde rédactrice en chef, accrochée à son texte par un trombone, me sourit de tout son rouge à lèvres.

Jamais le mot *sommaire* n'a résonné avec autant de sens. Éditorial exécuté sommairement à tel point qu'il est dénaturé. Seule figure la déclinaison badine du contenu de la semaine dans une langue de copines branchées sur la fureur de vivre en beauté. *Belle, belle, belle*… Tel est le titre du papier.

Ma lecture achevée, englouti par l'insignifiance des propos, saisi par une soif d'autre lecture plus roborative, je demande le droit d'asile aux *Chansons des rues et des bois* de Victor Hugo sommeillant au fond de mon sac de voyage. Changer de peau : être et non paraître. Je choisis de Victor le poème « Saison des semailles. Le soir. », long d'une vingtaine de vers par souci d'équité entre les deux textes, et vous propose, chers lecteurs, un petit jeu. Commençons par *Belle, belle, belle*, signé par une certaine Isabelle, avant que je ne jette par mégarde l'édito dévoyé dans la poubelle en inox :

Un numéro pour vous sublime.
Voilà le joli programme de la semaine :
Plus de trente pages pour découvrir

toutes les tendances soin et make-up de la saison.
À vous les secrets pour vous faire un teint de pêche
en gommant vos petits défauts,
gagner en éclat en adoptant la bonne gestuelle.
Côté make-up, les couleurs font leur show :
bleu Klein, rose orangé, smoky brillant.
On passe en mode flashy.
Même le nude se pare de tons chauds exquis.
Un joli port de tête, c'est tout bête
Avec des accessoires trompe-l'œil.
Sages ou sophistiqués,
ils se déclinent à l'envi...
Enfin découvrez le nail-art
ou l'art de customiser son vernis selon son look.
Un must-have bluffant...
Et éteindre son portable
car, fini d'être toujours joignable...

Et maintenant, à vous, monsieur Victor Hugo,
vous êtes en lignes :

C'est le moment crépusculaire.
J'admire, assis sous un portail,
Ce reste de jour dont s'éclaire
La dernière heure du travail.

Dans les terres, de nuit baignées,
Je contemple, ému, les haillons
D'un vieillard qui jette à poignées
La moisson future aux sillons.

Sa haute silhouette noire
Domine les profonds labours.
On sent à quel point il doit croire
À la fuite utile des jours.

Il marche dans la plaine immense,
Va, vient, lance la graine au loin,
Rouvre sa main, et recommence,
Et je médite, obscur témoin,

Pendant que, déployant ses voiles,
L'ombre, où se mêle une rumeur,
Semble élargir jusqu'aux étoiles
Le geste auguste du semeur.

Ainsi se côtoient ou se rendent visite les mots. Les premiers aussi éphémères que le journal les ayant mis au monde des yeux, les seconds, que l'accès au rang de matériau poétique préserve relativement d'une mort subite. Tous se pressent, cherchent leur jumeau dans le texte opposé, mais sont vite déçus, ne se trouvant en commun que pronoms démonstratifs, possessifs, adjectifs indéfinis de pacotille et verroterie d'articles partitifs ou pas.

VICTOR : Nos deux petits troupeaux, chère Isabelle belle, belle, belle, semblent un peu tristes. Aucune ressemblance, aucun effet miroir. Sans le vouloir, vous avez tendu des pièges redoutables à mes mots. Qui sont ces cousins inconnus nommés *flashy*, *must-have*, ou *smoky* ? Certes, la musique en est jolie mais…

ISABELLE : Veuillez m'excuser, mon texte n'est pas poème. Plutôt destiné à saisir les esprits. Catalogue, il ne pousse qu'à la vente de l'air du temps, et en cela il se démode vite.

VICTOR : *Pour soulager un peu les riches*
De leur argent, pesant amas,
Il sied que Paris ait les biches
Mademoiselle, pardon, ne seriez-vous pas déesse ?

ISABELLE : Pas du tout ! Vous êtes parfait dans le rayon rêverie, cher poète : *la plaine immense…*

l'ombre qui déploie ses voiles... mais rien n'est à vendre, par chez vous.

VICTOR : Ne soyez pas timide. Profitons de notre rencontre. J'ai un échange à vous proposer : espacer mes lignes pour y glisser les vôtres. Une ligne d'Isabelle, une ligne de Victor. Découvrons en chœur le résultat.

ISABELLE : Je ne sais ce qu'en pensera mon panel de lectrices, ou le vôtre, d'ailleurs.

VICTOR : Pardonnez-moi, mais je n'ai pas accès à votre monde. Vos lectrices n'en sauront rien. Notre dialogue imaginaire est celui d'un inconnu qui joue avec mes vers. Je ne sais si son éditeur trouvera quelque intérêt littéraire à ce jeu de saute-mouton. J'ai fait métier de poète, je vous parle depuis mon éternité. Quant à vos lectrices, il est peu probable qu'elles aient gardé en mémoire votre sommaire et lisent ce recueil de poèmes. Mes fidèles lecteurs sont prévenus. Ne leur ai-je pas dit une fois pour toutes : « Je suis une force qui va ! »... « Tout ce qui n'est pas moi vaut mieux que moi ! »

ISABELLE : Mais moi, je suis vivante, peut-être va-t-on me licencier. En tout cas ça va faire jaser mon staff.

VICTOR : Mais non. Pure récréation, pur jeu d'esprit. À la manière de ces enfants qui, en face à face, se tapent les mains, les cuisses et font des moulinets sur l'air d'une comptine.

ISABELLE : Mais, si on me voit ?

VICTOR : Personne ne vous verra, chère Madame Belle. On ne fera que vous lire. Qui êtes-vous, après tout ? « Un jardin bleu rempli de lys qui sont des astres. » Quant à moi, l'éternité me pèse, j'ai besoin d'exercice. Commençons et, au moindre souci, je vous emmène loin d'ici, de...

Ce monde inférieur, où tout rampe et s'altère,
À ce qui disparaît et s'efface, Cythère,
Le jardin qui se change en rocher aux flancs nus ;
La Terre a...

ISABELLE : ... Cérigo !

VICTOR : Vous connaissez la dernière ligne de mon poème : *La Terre a Cérigo ; mais le ciel a Vénus ?*

ISABELLE : Absolument pas, mais quand vous avez évoqué Cythère, j'ai tout de suite pensé à ma belle-sœur qui est esthéticienne dans un hôtel, là-bas à Cérigo...

C'est ainsi qu'Isabelle et Victor signèrent, grâce à mes bons offices, cette œuvre en kit maintenant soumise à lecture. C'est elle qui importe, non votre avis et encore moins le mien.

Un numéro pour vous sublime,
C'est le moment crépusculaire.
Voilà le joli programme de la semaine :
J'admire, assis sous un portail,
Plus de trente pages pour découvrir
Ce reste de jour dont s'éclaire
Toutes les tendances soin et make-up de la saison.
La dernière heure du travail.
À vous les secrets pour vous faire un teint de pêche
Dans les terres, de nuits baignées,
En gommant vos petits défauts,
Je contemple, ému, les haillons
Gagner en éclat en adoptant la bonne gestuelle.
D'un vieillard qui jette à poignées
Côté make-up les couleurs font leur show :
La moisson future aux sillons.
Bleu Klein, rose orangé, smoky brillant.
Sa haute silhouette noire
On passe en mode flashy.
Domine les profonds labours.

Même le nude se pare de tons chauds exquis.
On sent à quel point il doit croire
Un joli port de tête, c'est tout bête
À la fuite utile des jours.
Avec des accessoires trompe-l'œil.
Il marche dans la plaine immense,
Sages ou sophistiqués,
Va, vient, lance la graine au loin,
Ils se déclinent à l'envi...
Rouvre sa main, et recommence,
Enfin découvrez le nail-art
Et je médite, obscur témoin,
Ou l'art de customiser son vernis selon son look.
Pendant que, déployant ses voiles,
Un must-have bluffant...
L'ombre, où se mêle une rumeur,
Et éteindre son portable
Semble élargir jusqu'aux étoiles
Car, fini d'être toujours joignable...
Le geste auguste du semeur.

CHAPITRE 14

Où les poèmes s'envoient en l'air
par la magie de l'hélium et
où l'auteur retourne dans le Grand Nord
grâce à sa mémoire...

« Écrire, c'est fabriquer ce qu'on a à dire », affirme Vassilis Alexakis dans son roman *La clarinette*. Et, pour moi, aligner des bouts de pensées sur des lignes de corde à linge à destination d'un lecteur aussi insaisissable que le vent les parcourant tant la hâte de l'écrivain est manifeste de prendre l'écriture comme on prend la parole.

J'ai cette hâte brouillonne de donner à voir, à faire entendre, muets sur la page, des mots qui bouillonnent. Il me faut accepter de passer les barrières obligées de l'édition. J'ai toujours la même impatience qu'il y a quelques années, ayant subitement décidé de lancer au ciel des mots comme on lance en ricochets des pierres. Bien beau rêve que les lois de la gravité sanctionnèrent d'avance car il n'est de caillou, même d'écriture, qui ne chute. Les soubresauts de la vie mirent ces désirs d'envol en sommeil. Mais, pour vous, je les fais s'en revenir.

J'ai toujours écrit des poèmes. Les seuls qui furent édités étaient en principe destinés aux enfants. Ils vécurent quelques années et ne sont plus disponibles que chez des amis ou en bibliothèque, mais j'ai conservé ce besoin de fleurir la vie.

Le ciel est pour moi un chapeau changeant, casquette à brouillard, haut-de-forme stratosphérique, cheveux d'ange ou fleuri d'éclairs entre les fleurs noires des orages… Pourquoi ne pas offrir au bleu, au gris ou au noir le lange blanc d'un poème venu au monde sur papier ?

La réponse fut vite trouvée : il suffisait d'une bouteille d'hélium, d'une réserve de ballons, d'un peu de ficelle, de l'adhésif et, bien sûr, d'un poème. L'inspiration venait du ciel, de ses nuages, de sa mauvaise humeur ou de sa bleue sérénité servant de nappe à mon appétit d'écrire.

Ainsi naissait le poème, manuscrit puis imprimé, plastifié, muni à sa base d'une queue à l'image d'un cerf-volant, blanc et rouge, couleurs de prévenance de travaux sur la voie publique. Le souffle léger de l'hélium s'introduisait dans le ballon. Je joignais mon nom, mon adresse et la raison de ce lancer rédigé en français et en anglais par espoir de retour. Espoir seulement car un ballon, dans sa chute fatale, de jour comme de nuit, n'est plus qu'une tache de couleur éclatée. Le poème, guère plus grand qu'une main d'enfant, se fait discret, posé dans le hasard planétaire sur un arbre, dans un champ, au fil d'une eau douce ou marine, dans la neige, ou pâle feuille morte délavée au creux d'une flaque. D'où ma volonté forcenée de ne pas écrire pour rien, de jeter cette *bouteille à l'air* à qui me découvrirait.

Sur un petit carnet d'expéditeur de voyage sans destination précise, je consignais chaque fois l'heure et la date de l'envoi, la direction prise par le ballon soumis au vent. Et, détail futile pour autrui mais jubilatoire pour ma passion de mesure du temps, la durée minutée pendant laquelle il restait visible avant de vite disparaître derrière l'horizon par vent fort, s'élevait lentement sous les cirrus ou dans l'invisible bleu dans lequel il se noyait au-dessus de ma tête par temps calme. Je vous offre ci-dessous un poème écrit puis plastifié, attaché à un ballon qu'un vent du sud s'empressa de placer sur un couloir aérien septentrional :

Femme aux joues rosées,
homme peigné de blanc,
une poudre d'aisance
flottait sur votre couple.
En plein Paris de hasard,
vous filiez droit vers la Baltique.
Vous étiez le mystère,
vous étiez l'assurance,
vous aviez la brillance
d'automates d'automne.
Passées la pointe Dior,
la passe de Ricci,
vous marchiez souplement
vers des flots d'entourloupes,
laissant derrière vous,
dans un sillage de silence,
trois types au cou cassé,
regards de gite noire,
venus à bord de barques électriques
offrir la pacotille de leur tétraplégie.
Femme aux joues rosées,
homme peigné de blanc,
la carte bleu marine
de votre fuite en beaux souliers
ne faisait pas mention
de ces rochers brisés.

Puis je rentrai chez moi et, selon le cap erratique pris par mon envoi, je cherchai un souvenir de voyage lointain vers des contrées nordiques à remonter du puits de ma mémoire. Puisque le ballon m'avait montré la voie je pris à mon tour celle de l'écriture d'un beau souvenir de vie passé non à la trappe mais au rangement et travesti en pseudo-conte finnois :

« Des amis de l'écrivain-voyageur, en poste à Helsinki, lui avaient proposé, entre deux rencontres de jeunes lecteurs, un guide au prénom localement banal de Timo, un scientifique certifié, haut comme trois Laponnes. Tous s'étaient aventurés dans la forêt comme on rentre chez soi, sans fermer la porte. Il n'avait pas encore neigé dans ce coin de Finlande. Les maisons, aux couleurs vives plus que grises, murmuraient dans leur écharpe de bouleaux qu'elles n'étaient pas encore mariées avec l'hiver. Le ciel de pôle nordiste était en rupture d'approvisionnement. Le soleil posait son pied nu sur l'horizon, bien décidé à se coucher aussi vite qu'il s'était levé, n'offrant aux façades qu'une lumière de cutter séchée par un vent léger venu de la mer. Avant de disparaître entre les bouleaux, le voyageur-écrivain embrassa du regard ce presque dessus de la rondeur planétaire. Comme s'il avait noté puis digéré lente-ment cette effusion, Timo se retourna pour la pre-mière fois après une heure de marche et de monologue intérieur gesticulé, mimant, par provoca-tion, la cueillette de tout ce qu'il y avait de vertical et non de rond sur son passage :

« "Mais non, la Terre n'est pas ronde, grogna-t-il d'une voix remontée du fond des âges. Évidemment. Avez-vous jamais vu de l'eau tenir sur le bossu de la main ? Non ! Eh bien, nos lacs, c'est pareil. Ils n'y resteraient pas longtemps. Si la Terre est ronde, elle l'est, mais en creux. Regardez la concavité de votre main. Elle est pleine de lignes inscrites. Ce sont des lits de ruisseaux asséchés. Remplissez vos paumes d'eau, de lait, de vin ou de larmes, vous abreuverez en vain vos lignes de vie et de cœur tant les mains sont d'imprévisibles contenants."

« Ainsi parla Timo en se faufilant dans un couloir de bouleaux. Ses bottes allaient sans faillir d'une pierre moussue à l'autre. Puis, il nomma des bêtes invisibles, sortit des trolls de sa poche et assura que la fonction des poils pubiens n'est pas de protéger l'usine à reproduction :

« "Autant de poils, autant de coïts. C'est vérifié. Si un homme et une femme se mettent ensemble, il est possible qu'ils n'aient pas le même nombre de poils. Chez nous, de fait, la nuit de noces se passe d'abord à les compter. Si chez l'un des conjoints ils sont en surnombre, on prend pour base celui qui en a le moins et l'autre doit s'arracher le surplus.

« — Sinon ?"

« Timo s'arrêta, passa sa main dans ses cheveux de femme et sa moustache d'homme :

« "Sinon, rugit-il, le nouveau mari ou la nouvelle épousée doivent s'attendre à être trompés. Ou celui qui en manque mourra avant. Au choix ! Allez, on continue."

« La balade s'étira dans le moutonnement sans fin de vagues boisées dont chacune masquait la suivante sur des milliers de kilomètres.

« "Vous entendez ? fit Timo. La mer ! La mer de terre, la mer pétrifiée. Vous ne le savez pas, vos pieds sont des bateaux, vos cheveux des voiles, ce ne sont pas eux qui vous font avancer mais une sorte d'affection nommée la... la *rotomondite*. Toujours aller voir ailleurs jusqu'à ce que vous rencontriez votre dos, que vous pénétriez dans vous-même. Alors, seulement, vous aurez la sagesse des idiots qui ont tout vu. Ce n'est pas donné à tout le monde. Si on allait au sauna ? J'en ai réservé un, là-bas, derrière ces bouleaux.

« — Lesquels ?

« — Je ne sais pas, il faut les compter. Environ six cent cinquante." »

« Chemin faisant, tous deux découvrirent une cabane de carte postale, rondinée de gris, assemblée il y a huit cents ans par des nains fébriles mais spécialisés. Le voyageur se retrouva nu dans son nuage de vapeur. Tout était bois, la température, le poêle, son cœur. Même les pierres en bois de pierre.

« "On va manquer d'eau, regretta Timo. Vous voulez bien descendre, aller au lac ? Le seau est à vos pieds. Pas besoin de vous rhabiller, les grenouilles n'ont pas de culotte. Mais les crapauds, si. C'est pourquoi ils vous filent des boutons. Des boutons de culotte. Pas d'autre explication. Pour le moment." »

« L'invité sortit du sauna sur la pointe des pieds devenus tisons rougis, laissant des empreintes de buée dans l'herbe fêlée de givre. Il hésita avant d'entrer dans l'eau. Plus vite il y sera et moins il sera nu. Son escouade d'orteils disparut, grossie sous la surface glaciale. Il ne sentait rien, il rejoignait doucement le peuple de l'eau. Des écailles lui poussaient, et ses cuisses brûlantes, moissonnées par le sauna, semblaient frappées d'amnésie. Ce n'est pas le lac qui le refroidissait mais lui qui chauffait le lac. S'il restait là, le seau à la main, mille poissons ne tarderaient pas à bouillir puis flotter le ventre à l'air. Les alevins, il n'aurait qu'à les saisir dans l'huile et les croquer en friture minute. Il sortit enfin de l'eau et courut vers le sauna. L'air vif, vexé de cette trahison d'amphibien, lui rossa le dos.

« Plus tard, avec ses amis, le voyageur s'assit au bout d'une langue de terre qui, ayant fait prisonniers des lacs par centaines, rendait les armes face à la mer. Le soleil, clou planté bas, incendiait le ciel, sa lumière fournissait des lunettes à tous les myopes du monde. »

Des dizaines de ballons envoyés, ne me revinrent que deux accusés de réception. Le premier émanait d'une institutrice ayant trouvé un poème encore solidaire de l'enveloppe dégonflée et déchirée. Elle me fit part de sa surprise de trouver un tel courrier où ne figuraient ni son nom ni l'adresse de son école. Le second consistait en un petit mot rédigé par un passant me remerciant pour ce poème qui avait parcouru près de deux cents kilomètres avant de chuter à ses pieds, en pleine rue d'Évreux. Les lectures ne sont jamais à sens unique. Ce sont des voies de communication, empruntées, rendues giratoires ou omnidirectionnelles par toutes sortes de hasards. Elles peuvent se croiser, se rencontrer dans la bibliothèque intérieure de tout lecteur, dans des pérégrinations de lecture qui peuvent se comparer à des itinéraires aériens aussi bien qu'aquatiques.

Mais le souvenir des lacs finnois laisse émerger un petit livre de Julien Gracq, *Les eaux étroites*. L'auteur débute son récit de voyage en barque sur l'Èvre, un affluent de la Loire, sans préciser s'il a pris des précautions d'aventurier, du gilet de sauvetage au morceau de sucre roboratif. Nul besoin de telles contraintes. Il voyage seul mais son équipage, il le trouve et l'embarque au fil de l'eau, de ses découvertes et de ses rêveries aquatiques. Au nombre virtuel des équipiers on trouve les noms d'Edgar Poe, Gaston Bachelard, Gérard de Nerval, Honoré de Balzac, Paul Valéry et un moussaillon nommé Goethe. C'est ainsi que les lectures surgissent au détour des contemplations. Et Julien Gracq de conclure : « La puissance d'envoûtement des excursions magiques, comme l'a été pour moi celle de l'Èvre, tire sa force de ce qu'elles sont toutes à leur manière des "chemins de vie". »

La lecture a ce double pouvoir de suivre un courant tout en cherchant à remonter tous les autres. Quelque part dans le monde un livre est ouvert, comme *Écorces* de Georges Didi-Huberman, par exemple. Ailleurs, sans le savoir, une main ouvre le même livre : « Je marchais près des barbelés lorsqu'un oiseau est venu se poser près de moi. Juste à côté, mais : de l'autre côté. J'ai fait une photographie, sans trop réfléchir, probablement touché par la liberté de cet animal qui se jouait des clôtures. Le souvenir des papillons dessinés en 1942, dans le camp de Theresienstadt, par Eva Bulová, une enfant de douze ans qui devait mourir ici, à Auschwitz, au début d'octobre 1944, m'a probablement traversé l'esprit. » En supposant que le livre ait pu être ouvert au même paragraphe, aux mêmes lignes, aux mêmes mots, je pressens qu'un nouveau prix Nobel, celui de Coïncidence Providentielle, me sera attribué. Je le refuserai, préférant aux conclusions scientifiques éblouissantes l'envol de la douce rêverie, de la main de l'écrivain connu vers le regard encore à naître d'un possible lecteur. Albert Einstein imagina un jour l'explosion d'une imprimerie ayant projeté vers le ciel des milliers de caractères de plomb. Il émit l'hypothèse qu'il existait une chance sur des milliards pour que les caractères retombent au sol dans un ordre alphabétique parfait. Si, de retour au sol – et là je pousse au paroxysme la supposition d'Einstein –, les mêmes caractères formaient la totalité de mon texte, j'accepterais bien, non pas le Nobel, mais une médaille, aussi modeste soit-elle.

Les mots imprimés puis lus jaillissent ainsi en

lignes invisibles, survolent les Rocheuses, l'Oural, l'Amazone, la Grosne, la rivière de mes jeunes étés, l'océan Pacifique ou rugissant de tous ses quarantièmes, les forêts barbizoniennes, les ponts neufs ou vieux, les amoureux sur leur barque, les cimetières civils ou militaires... S'échappent aussi des mots volants, immunisés par leur invisible encre électronique contre les rafales d'ondes téléphoniques, télévisuelles, SMSagères, informatives ou publicitaires, sans autre sillage que celui de la mémoire éphémère. Les imaginer dans ce voyage impossible est un cadeau que je me fais avant de vous l'offrir.

CHAPITRE 15

*Où l'auteur utilise ses lectures poétiques
comme médicament à posologie variable
contre d'angoissantes insomnies.*

Il y a la lecture parcours et la lecture par cœur. Textes à lire, textes à tenir, à retenir pour ne pas avoir à les lâcher dans le terrain vague des vagues souvenirs, mués par lassitude en fantômes errants. Mots qui touchent, bousculent, adoptent. Mots voués pour moi à une thérapie d'insomnies. J'ai pris cette habitude de noter des poèmes dans un petit carnet, de capturer leur version parfois chantée mais rendus à leur première destination, celle des yeux. Parfois n'y figurent, pour cause d'écoute hâtive sur les ondes, que des débuts de mots sous la sténographie naïve du crayon ou du stylo. Procédé ni nouveau ni original, mais travail de glaneur.

J'entendis un jour, à la radio, bien avant le succès d'*Indignez-vous*, Stéphane Hessel raconter qu'il connaissait par cœur des centaines de poèmes, qu'il lui arrivait de se poser sur un banc, près d'un autre assis, et demander la permission d'en réciter un.

L'intrusion de mots dans un silence relativement sans défense m'encouragea à ce glanage d'approvisionnement de ma mémoire en doux défilés versifiés. J'ai toujours ce carnet à portée de main tenu par une laisse invisible, griffé par les impatiences de la transcription.

C'est une chanson qui ouvrit le bal. Je la connaissais pour l'avoir entendue en mon adolescence. Le texte, mis en musique par les Frères Jacques, avait pour titre *Général à vendre*. L'histoire, imaginée par Francis Blanche, d'un militaire acquis contre trois choux-fleurs et une tartine de confiture, ne faisant rien de la journée à part réparer l'escabeau ou faire deux jumeaux à la bonne. Mais il aimait, sous les étoiles, devant des enfants ravis, dérouler *le fil de son immense histoire* qui le vit, par exemple, sergent-chef sous Pépin le Bref ou colonel aux Dardanelles.

Dit, déclamé ou chanté, mon général fut vite suivi d'une petite troupe de poètes marchant au pas des rythmes et des rimes. La rime, dans ma démarche d'apprenant, je l'assimilai à une roue de secours quand ma mémoire était à plat. Mais aussi à une batterie qui, trop peu sollicitée, se montrerait rétive au démarrage d'un besoin de poème. Indice sonore présageant la suite.

Par bonheur, certains textes racontent une vraie histoire. Si on parvient à en saisir le début, il n'y a qu'à laisser la pelote se dévider. Ainsi *Après l'amour* d'Aragon. Le décor est vite planté : « Il existe près des écluses, un bas quartier de bohémiens ». Le poète décrit comme on y boit, chante et rencontre l'amour : « J'ai pris la main d'une éphémère / qui m'a suivi dans ma maison ». La suite s'enchaîne à merveille : la robe se délie et l'ellipse érotique pose un voile sur le temps d'un « long jour une courte nuit, / puis au matin bonsoir, Madame, / l'amour s'achève avec la pluie. »

Je souris enchanté sous le voile de ma nuit de ce parcours sans faute, mais le sommeil ne revient pas pour autant. Il me faut changer la posologie, taper plus fort. *Spleen* est idéal.

Baudelaire a jalonné son texte de jokers, faisant

commencer les trois premières strophes par un « Quand », véritable starter. Mais le dérapage survient, et je me mélange les invisibles pinceaux. Me voilà égaré sur un mauvais chemin : « Quand l'esprit gémissant en proie aux longs ennuis »… Et à l'évocation de ce mot survient la panne. Perdu en rase campagne, je reprends au début. La strophe suivante commence elle aussi par *quand*. « Quand la terre est changée en un cachot humide »… et, à la troisième relance : « Quand la pluie étalant ses immenses traînées »…

Rien ne va plus, mon esprit errant gémit. Les *quand* sont bien plantés en début de strophe, tous les trois, mais le premier vers boite affreusement et s'achève sur un vide incompréhensible. Je me tourne et me retourne sous la couette d'où s'échappe ma jambe énervée. L'insomnie ricane comme une chouette lointaine dans le noir qui blanchit sous mes paupières. Le blanc du vide, l'espoir vaincu, l'angoisse atroce…

Et soudain, du chaos surgit la solution. Ce n'est pas *quand* mais *sur*, à propos de *l'esprit gémissant* à qui je fais don du mien. Voilà que tout bascule. Le vers suivant, sans issue, reprend sa place dans le sillon baudelairien et la machine poétique s'emballe : « Quand le ciel bas et lourd pèse comme un couvercle / Sur l'esprit gémissant en proie aux longs ennuis »…

La jonction est parfaitement réussie : … « et que de l'horizon embrassant tout le cercle / Il nous verse un jour noir plus triste que les nuits. »

À la fin du poème, en bons derniers de ce cortège de mots, les « longs corbillards, sans tambours ni musique »… n'ont plus qu'à suivre leur funèbre destin pour planter un drapeau noir sur le crâne de mon insomnie qui aurait dû, bien plus tôt, rendre l'âme et les armes.

CHAPITRE 16

*Où l'auteur se dit avoir été longtemps
traité de rêveur. Mais au soir de sa vie,
il prétend que ce reproche l'a aidé
à parler aux étoiles.*

Les rêves sont une lecture éphémère. Ils sur-
viennent pour ouvrir des yeux de nuit sur des pages
incohérentes, imprévisibles, d'une écriture sans plan
précis, découpés en paragraphes incongrus, en récits
entrecoupés. Comme passés entre les deux jolies poignées de bois de cet outil en demi-lune que je mani-
pulais enfant pour hacher menu le persil sur un
billot taillardé d'anciennes mises à mort. Il faut alors
les ajuster, les recoudre péniblement, tenter de
mettre du sens sur ces lambeaux, ces « bizarres
combinaisons du songe », comme tente de le faire
Nerval dans *Sylvie* afin d'en lire quelques secrets
intimes.

Longtemps je me suis promené à moitié nu dans
un décor de métropolitain. Ce rêve revenait souvent
et j'en tournais les pages d'effarement. Les gens
allaient et venaient le long des quais sans prêter
attention à cet attentat à la pudeur. Mon sexe resté à
couvert fut délaissé au profit d'autres illusions.
Longtemps, encore, je me suis promené nuitamment
dans de sombres couloirs, par des portes grises cein-
turées de boiseries déchirées ou de plâtres balafrés.
Une question revenait comme le chant des sirènes
en temps de guerre : où était ce bébé de moi, perdu,

sans doute mort ? Je le savais proche, caché, mais introuvable. En quel placard, sous quel plancher d'impossible cimetière. Ce rêve s'est usé sous les assauts du temps mais il garde parfois, comme d'autres, des allures de chanson triste à refrain sans couplets.

Peu importe que la lecture des rêves s'évapore, j'écoute le Baudelaire des *Paradis artificiels* me recommander de ne pas m'inquiéter : « Un homme de génie, mélancolique, misanthrope, et voulant se venger de l'injustice de son siècle, jette un jour au feu toutes ses œuvres encore manuscrites. Et comme on lui reprochait cet effroyable holocauste fait à la haine, qui, d'ailleurs, était le sacrifice de toutes ses propres espérances, il répondit : "Qu'importe ? Ce qui était important, c'était que ces choses fussent *créées* ; elles ont été créées, donc elles *sont*." »

Dans mon adolescence il me fut souvent reproché de rêver debout, de me prendre pour un aviateur, un poète ou un explorateur. Mes livres sont rêves de papier, la part éveillée, non censurée, mais au contraire stimulée de mon imaginaire. Je suis, depuis, devenu explobservateur de ma présence au monde.

J'ai raconté, dans un précédent ouvrage, *Ma guerre de cent ans*, mon attachement à la présence dans le ciel de trois étoiles de la constellation d'Orion. Une nuit, chassé de mon lit par une insomnie opiniâtre, j'ai couru à la fenêtre vérifier si *Mintaka*, *Alnilam* et *Alnitak* étaient encore visibles malgré l'heure avancée. J'éprouvai quelque difficulté à les repérer. Une étroite langue de nuages partageait le ciel en deux. J'allais renoncer, quand je les aperçus enfin à l'extrémité de cette écharpe soyeuse poussée par un vent léger. Elles semblaient émettre une fumée dont la largeur correspondait exactement à leur position.

Une fumée plate, aux bords plus ou moins réguliers prenant dans l'obscurité la blancheur perlée d'une trace baveuse d'escargot pas très rectiligne. Comme si m'était destiné un message écrit traduisible par moi seul : *On en bave pour toi.*

J'étais là au bon moment, car ce que je pouvais aussi prendre pour un sillage s'éloigna vers l'est. La lecture du ciel m'accorda aussitôt l'autorisation de me rendormir, un sourire de reconnaissance aux lèvres.

CHAPITRE 17

Où l'Homme au casque d'or s'invite
chez le chercheur de sommeil mais ne l'aide
en rien sinon à boire un peu de vin.

Je sens soudain s'affaisser le bord de mon lit. Nul besoin d'allumer la lampe de chevet, j'aperçois dans l'encre nocturne briller le casque d'or.

« Bien, bien, me chuchote-t-il, en tant que soldat je constate que tu as fait appel aux services de deux généraux. Le premier, ce *général à vendre*, dont Francis Blanche et les Frères Jacques décrivirent la picaresque destinée… »

Je me demande bien qui pourrait être le second.

« Il te fallait bien gagner la bataille de *Spleen*, murmure-t-il. Rapport à Aupick, le beau-père de Charles Baudelaire, voyons. D'abord lieutenant-colonel, puis colonel et enfin général. Il a guidé ta stratégie mémorielle, placé adroitement les trois bataillons des *quand* puis créé la surprise avec la furie sauteuse des cloches avant de clore le défilé par *de longs corbillards sans tambours ni musique* de victoire ou de défaite, selon le camp des vivants ou celui des morts. Autant d'indices qui guident ta mémoire, à condition que tu ne commettes aucune erreur, toi le simple fantassin, troufion perdu dans ses tranchées de mémoire. Pauvre Charles, malgré sa détestation d'Aupick, il partage son caveau au cimetière Montparnasse. Sais-tu en quel endroit ?

Sixième… division. Allez, veux-tu un coup de rouge pour te remettre ?

— Pardon ? »

Mon visiteur a la même pose que dans son tableau, le peintre ayant une fois pour toutes voulu qu'il la prenne sous réserve de n'en jamais changer :

« Oh, pas grand-chose, juste ce peu de vin qui reste, là-bas, sur la table de la cuisine. Tu sais que je n'ai pas de bras. Peux-tu aller me chercher la bouteille et me lire ce qui est écrit sur l'étiquette ? Merci.

— "Ce vin est d'une grande finesse, soyeux et gras, aux arômes fruités. Longue persistance en bouche. Peut se conserver longtemps. Vin d'élégance qui accompagnera une viande grillée, une volaille ou un fromage."

— Allez, bois, et dis-moi si la lecture, c'est la vie vraie. »

Une gorgée fait passer le *brise-ménage*, appellation argotique lui expliqué-je, d'une joue à l'autre. J'avale et commente :

« "Ce vin est d'une grande rudesse, rêche et maigre, aux arômes légumiers. Persistance ridicule en bouche. Peut se conserver quelques semaines. Vin d'inélégance réelle, à ne pas accompagner d'une viande crue, une tripaille ou un yaourt."

— Bravo, tu viens d'inventer la lecture-biture. Il est des choses à lire qui nous saoulent. La vie est bien trop courte pour nous y attarder. Bravo d'avoir ainsi claqué la porte en massacrant ce texte vaniteux. »

Je me souviens alors qu'il y a mille ans un philosophe-poète-astronome persan, Omar Khayyam, a écrit des centaines de quatrains sur le vin. Leur lecture a toujours étanché ma soif du moment et annoncé mes prochaines godailles. Je demande à mon ami d'oublier cette réclame à fort degré de flatterie et de retenir le quatrain CXLIX : « Ce que je veux, c'est une goutte de vin couleur de rubis et un livre de vers, / Et la moitié d'un pain, assez pour soutenir ma vie. / Et si je suis alors assis près de toi, même en quelque lieu désert et désolé, / Je serai plus heureux que dans le royaume d'un sultan. » Puis j'évoque Brassens.

« Quel est ce mot ? En quelle langue ?

— Juste le nom d'un auteur-compositeur-interprète. Il a si bien accroché ses mots et ses notes devenues cerises autour de mes oreilles d'adolescent que, parfois, je retourne chez lui boire une bonne bouteille de poésie. Savoure ce vin de mots : "Hélas il ne pleut / Jamais du gros bleu / Qui tache… / Qu'elles donnent du vin, / J'irai traire enfin / Les vaches… / Que vienne le temps / Du vin coulant dans / La Seine ! / Les gens, par milliers, / Courront y noyer / Leur peine…"

— À la santé de nos mémoires, sourit le vieil homme. Le temps, comme le soufflet d'un accordéon, s'est déployé sur mille ans, d'Omar Khayyam à Georges Brassens. Nous nous tenons sous le vent mais nous tenons, nous tenons… Je dois hélas te quitter, tu pars demain en voyage. Tu as toujours aimé les destinations approximatives, te rassurer à l'irruption d'un panneau indicateur dont la lecture s'efface sitôt apparue, exergue d'un livre de géographie humaine sans auteur précis, aux personnages de modeste saga dans de changeants décors. Tu t'y plonges avec la passion de la découverte, tu feuillettes les rues, imagines ce que cachent les portes, marque-pages de toutes formes de vies auxquelles tu n'auras jamais accès. Une lecture d'effleurements superficiels de ces lieux appelés par toi "bibliovilles"… »

L'Homme au casque d'or semble songeur. Peut-être estime-t-il que mes fréquents retours à l'enfance si présents dans ce livre me font flirter avec *le point de vue de l'antiquaire* évoqué par Nietzsche. Cela sent la poussière et l'hors d'âge, mais je ne me reconnais pas dans cet esprit boutiquier. Il ne fallait pas appeler cette collection « *Petits éloges* ». Le mot *petit* évoque évidemment une bienveillance maternelle, me rappelle que les livres m'habillent depuis mes plus jeunes années. Nimbés de multiples lampions, leur tremblaison sous vent de mémoire donne à voir ces fameuses bibliovilles dont les quartiers, chapitres éparpillés, étalent leurs mystères et leurs souvenirs. Une maille à l'endroit, une maille à l'en lire. Une ville offerte, comme un livre, est aimée pour ses passages, colle à la vie, offre lecture de décors et de personnages en arrêts sur image.

Puisque l'Homme au casque d'or fait allusion à mon prochain voyage, j'ouvre en exemple Paris, la lecture métamorphosant mon rapport à la ville qui se fait livre. Paris à une heure de tout début du jour. Encore vide de ses figurants, quand le premier café du quai de la Mégisserie lève ses grilles. La voiture que je conduis vers la gare du Nord quitte la voie express, mais je ne suis pas pressé. Quand le feu de sa sortie passera au vert, je sais que le prochain sera rouge. J'aurai alors tout mon temps et le loisir d'observer un curieux manège. Sur le trottoir lavé de frais, balbutient les premières lueurs d'un bistrot à l'intérieur duquel un danseur en tablier bleu saisit des chaises dans ses bras et les guide d'un pas de glissade entre les jambes des tables. D'où je suis, je n'entends rien. La lecture est silencieuse, le court-métrage muet. Un scénario immuable d'une trentaine de secondes. Étirer ce plan unique serait trahison d'instantané. J'ai en moi la collection de ces multiples répétitions observées au fil de mes passages, d'année en année, à travers les vitres de ma voiture avec le même garçon, tablier bleu et chemise blanche, à la fois metteur en salle et acteur, qui ne m'a jamais salué pas plus que je ne l'ai applaudi.

Vieil Homme au casque d'or, quels souvenirs gardez-vous des premières lumières de votre galerie du musée de Berlin où vous êtes exposé ? De la première ronde de jour et des premiers regards des visiteurs ouverts comme un livre d'émotions ? Je vous sens me quitter, laissant croire que votre venue était rêve de marchand de quelque sable administrant à l'insomnie un peu de grain à moudre. Pour la combattre, il est des lectures qui veulent bien se laisser apprendre. Leurs mots sont gestes de douceur et coulent sous notre regard charmé de se contempler dans une sorte de miroir. Mais quand on les oriente vers la mémoire du cœur il n'est pas commode d'avoir à recoudre, dans une suite logique, les bribes qui semblaient aisément dévaler la paroi de papier exposée au soleil du plaisir. J'avais trébuché sur *Spleen*, je m'étais ressaisi, mais l'insomnie avait ressurgi.

Dans *Rives défendues*, un poète, de moi inconnu, reconnaît avoir « pris des chemins solitaires qui tournaient autour de la Terre ». Il dit avoir appris à se taire, je veux bien le croire. Cependant il se met à crier : « toi, toi… tu criais dans ma poitrine / un cri perdu de sauvagine / où se déchiraient mes mystères ». La mémoire croyait cheminer paisiblement, mais soudain elle trébuche, bégaie des mots, les lance comme des dés, les remet dans le cornet jusqu'au bon résultat qui brille comme lueur de balise à l'entrée d'une passe.

Il faut apprendre par cœur le cœur d'un autre, même si toutes les histoires d'amour ont un air de famille. L'insomnie a cette vertu maligne de composer des gammes avant d'offrir, à qui veut bien la combattre, ces enluminures tissées autour des pensées ou des visions d'écrivains.

CHAPITRE 18

Où l'auteur pousse la porte d'un genre particulier, celui des journaux parfois dits intimes qui ne le restent jamais longtemps.

À trop humer les anciens parfums de mémoire, je me sens glisser parfois vers ce qu'on nomme d'un trait générique : *l'intime*... L'intime et son journal souvent qualifié d'autobiographie disciplinée sur le calendrier des jours, restituée en temps réel avant d'être parfois rassemblée, empaquetée précieusement comme cadeaux auréolés de rubans. Pour quels usages ? Certains demeurent vieilles vieilleries au cœur des buffets rimbaldiens. D'autres cachés, reniés par les héritiers, d'autres, encore, sont envoyés sur la place publique, imprimés pour notre plus grand bonheur ou soumis à la curiosité malsaine et au voyeurisme. Ouvrir un journal est ouvrir une double porte, l'une que nous tirons vers nous, l'autre poussée pour pénétrer à l'intérieur de celui qui n'est pas nous. Fil de vie, odeurs, meubles, bibelots, disputes s'offrent sans autre limite que le cloisonnement des pudeurs de circonstance. Inventaire d'état des lieux, d'esprits, pensées en collier, précieux documents d'adoption soudaine, fatras de réflexions, d'intrigues ou d'événements que nous peinons à débrouiller, si nombreux sont les protagonistes effacés du monde des vivants. Il faut alors filtrer, passer au tamis ce qui brille au regard : des petits bouts de phrase.

Jules Renard a couché son journal sur un millier de pages. Je ne peux jamais en relire les quatre dernières lignes sans que les larmes ne viennent troubler ma lecture... « Je veux me lever, cette nuit. Lourdeur. Une jambe pend dehors. Puis un filet coule le long de ma jambe. Il faut qu'il arrive au talon pour que je me décide. Ça séchera dans les draps, comme quand j'étais Poil de Carotte. »

Quarante jours plus tard, nous quittait l'homme désespéré qui promenait son humour en laisse tout autour de la vie. On l'entend encore murmurer un bout de phrase inachevée, lui à qui « l'arbre dit, les bras croisés »... Que lui dit cet arbre ? Nous ne le saurons jamais mais, plus loin, on entend Jules songer à un « facteur qui offrirait des lettres au choix ».

Ces braises précieuses, tirées comme marrons du feu de l'écriture, ont le goût sans pareil des châtaignes. Intimité du miracle de vivre dans un temps morcelé de calendrier enveloppé dans du papier journal « *in time* ». Mais aussi œuvre de diariste – Barthes, dans ce mot, entend diarrhée ou glaire – qui ne donne pas seulement à voir ses tripes, son âme ou son cœur, mais un monde ancien qu'il a fini par quitter pour laisser un sillage dont nous ne pouvons pas voir l'étrave qui l'a fait naître.

J'ai souvent frappé à la porte de papier de Jules Renard mais aussi à celle d'Anne Frank. Ils n'ont pas dû entendre, mais ont laissé ce sillon où résonnent deux cœurs d'écriture. Mots d'une matière première, sans doute jamais destinée à être publiée, celle des lignes de la main prolongées le long du crayon ou de la plume pour venir jusqu'à nous. Bagages à tête plus que bagages à main.

Le 8 juillet 1942, Anne Frank note les « trombes

d'eau chaude » tombées le lendemain du jour où elle a rassemblé peigne, bigoudis, mouchoirs et précieux cahier avant de dissimuler ce qu'il lui reste de vie à vivre. J'ai cherché des 8 juillet dans le journal de Jules Renard. Il y en a peu. Cette date lui semblait-elle rétive ? Juste quelques touches à l'image d'un bouchon de pêche à la ligne annonçant l'appétit d'un poisson. De tout mon cœur je souhaitais naïvement que l'ombre sinistre du destin à venir d'Anne Frank s'abattrait sur la plume de Jules. Non, le 8 juillet 1890, par exemple, le diariste se contentait de noter : « Madame Alix sort avec un parapluie qu'elle n'avait pas encore "mis". » « Huit » et « juillet », les deux mots bruissent. Anne et Jules s'embrassent avec la politesse qui sied à deux inconnus lors d'une brève rencontre. Libérés à cette date précise, les mots, qu'ils soient ponctuels ou décalés, empruntent le même couloir aux deux portes soudain ouvertes, pris dans le fatal courant d'air du temps.

Je navigue de l'une à l'autre, murmure que je me sens aussi léger qu'un trait d'union, que je les protège par ma lecture du risque toujours présent de l'oubli du passé, celui de « l'homme ligoté », selon Sartre, et celui de l'adolescente condamnée par les lois nazies.

Anne, pour moi encore vivante, sur le chemin du passage secret menant à ta chambre, je t'offre ces quelques mots de Jules malgré la « nuit noire faite de tous les éclairs éteints ». Entends, Anne, entends cette « grosse mouche qui cause toute seule ». Pour toi, je m'allonge en mon jardin où les « basses branches des arbres caressent leur ombre sur le sol ».

Et toi, Jules, tu n'ignoreras plus qu'Anne s'était inventé une amie imaginaire, l'incertaine Kitty. Tu aurais pu écrire, juste pour elle, qu'elle fut un de ces

« petits châles que sont les papillons pour les fleurs ».
Il est naturel qu'à la fin les portes se referment. Le
journal intime retourne à sa source solitaire, mais
les lecteurs de Jules Renard et d'Anne Frank restent
l'« oreille collée aux serrures pour entendre le bruit
de la vie ».

CHAPITRE 19

*Où le lecteur est averti que, bientôt,
il arrivera au terminus de son voyage,
remercié par l'auteur d'avoir emprunté
ses lignes.*

La ligne d'arrivée est encore lointaine, mais je sens déjà sous le doigt le fil acéré de la dernière page à la fois semblable et pourtant différente de ses sœurs d'amont, ces vagues fines porteuses d'aventures, de pensées, de savoirs, de désirs vers l'achèvement de la lecture et le dénouement du livre qui se refermera comme se closent les paupières sous le noir de la nuit.

Cette impression voisine avec celle, palpable, d'une salle de cinoche, de théâtre ou de concert que l'on quitte en dernier. Photographe aux 24 Heures du Mans, j'aimais rester aux abords du circuit après que des milliers de spectateurs s'étaient échappés par la bonde des sorties. Chant des bielles, parfum éteint de l'huile de ricin, piste comme tapis abandonné après les étreintes brutales avec les pneumatiques, stands devenus décor sans le ballet des mécanos énervés par les derniers coups d'aiguille des chronomètres, toutes ces images participent désormais de la légende du siècle.

Que reste-t-il de la lecture abandonnée par le regard ? Un titre, une émotion, une indifférence, un pas-aimé-mais-alors-pas-du-tout, une place de choix sur la table de nuit, un compte rendu aux proches, le bon conseil de ne pas rater l'ouvrage ou la décision de l'offrir comme cadeau. Et, toujours, une fenêtre ouverte sur cour de l'humanité et des souvenances. Poésie, amours à crudités variables, espionite sans danger de personnages de fiction, d'affliction, de pure imagination, reconstitution hasardeuse, de voyages faits main d'auteurs ou faits yeux de lecteurs. Avoir été d'accord, ravi, réconforté, malmené, outré, révolté, être dégoûté ou au contraire enchanté grâce à vingt-six lettres seulement.

Victor Hugo s'est amusé à rêver sur leur graphie lors d'un voyage en train dans les Alpes, dotant chacune d'elles d'une fonction bien précise. Prenons celles de cet objet que vous tenez entre les mains :

L, *c'est la jambe et le pied ;*
I, *c'est la machine de guerre lançant le projectile ;*
V, *c'est le vase ;*
R, *c'est le repos, le portefaix appuyé sur son bâton ;*
E, *c'est le soubassement, le pied-droit, la console et l'architrave, toute l'architecture à plafond dans une seule lettre.*

Munies de pieds, sans doute comme le suggère Hugo, elles courent d'un mot à l'autre pour offrir une myriade de combinaisons, guidées vers le bonheur ou le drame, de ligne en ligne, de paragraphe en chapitre avec une énergie renouvelable à l'infini. La lecture achevée, toute cette mécanique besogneuse s'efface, passée à la gomme du souvenir puis à l'oubli. Le livre gît alors comme une enveloppe charnelle debout ou couchée sur quelque rayonnage, son âme envolée au purgatoire ou au paradis de la mémoire.

CHAPITRE 20

*Où l'Homme au casque d'or est soumis
à la lecture, celle d'une lettre de l'auteur.*

Cher ami, j'avais envie de vous écrire. Votre regard, vous vous en souvenez, s'était directement adressé au mien, scellant, il y a de cela bien longtemps, une amitié définitive. Nous nous sommes quelque peu parlé depuis, rompant un silence vieux de plus d'un demi-siècle. Aujourd'hui, par cette belle matinée de novembre, je ressens pour vous le lent frémissement des chênes sous un vent léger. Hier encore, quelques feuilles ont jailli dans un souffle plus ferme, et, pour quelques secondes, se sont essayées au vol d'oiseaux.

Si j'évoque ces détails automnaux, c'est que j'ai retrouvé une lettre écrite quelques années avant notre première rencontre. De mon écriture d'enfant, à l'encre violette, je m'adressais à des « chers tous », ma famille :

« Parlons des champignons. Cela fait notre troisième cueillette. La première, deux paniers. La troisième, la moitié d'un » – ma mère, de sa fine écriture, avait rajouté *panier*, mais ne s'était pas aperçue que j'étais passé de la première à la troisième, sans passer par la deuxième – « et la troisième fois, le fond d'un » – le terme « panier » est encore glissé par ma mère – « et puis le sol est jonché de feuilles jaune d'or. Je pense que papé va bien. Bonne année, bonne santé à tout le monde. »

Souvent, quand j'écrivais à ma grand-mère, n'ayant rien de précis à lui raconter, je prenais prétexte qu'approchait l'heure de la levée. Alors je l'embrassais et signais. Cette missive lointaine est datée d'un dimanche 16 novembre. J'étais très en avance. Cher Homme au casque d'or, prenez cette phrase comme vous l'entendrez, mais tenez compte du fait que le courrier ne partait que le lundi.

Vraie ou fausse lettre, toute correspondance est lecture, quelle que soit la saison. Au début d'un autre siècle, le vingtième pour vous aider à vous situer, la peinture dite officielle, dernier éclat d'un réalisme touchant, a représenté des femmes une page manuscrite à la main. *La Lettre*, ainsi différents artistes nommaient-ils leur œuvre. L'un d'eux, Alfred Stevens, a pris pour modèle une jeune femme en pied, vue de trois quarts. Elle porte un chapeau ennuagé de crêpe qui contourne un visage à l'extrême pâleur. Le regard en coin semble nous prendre à témoin. Une ample et longue robe noire descend des épaules. Un tissu léger, noir lui aussi, plonge en cascade, fait de sa robe un voile sans toutefois cacher quelques motifs, des fleurs de soie, à peine visibles. La main gauche extrait d'une enveloppe un peu froissée un petit carton blanc, ceinturé d'un filet noir. La droite tient un gant dont on voit pendre les doigts aplatis. Une haute porte étire ses moulures derrière la femme, sans doute une entrée bourgeoise, près d'un guéridon de fer forgé sous un tableau dont la partie visible laisse entrevoir le pied nu et le mollet d'un ange penché sur un socle antique.

Le tableau s'intitule *Le faire-part*. Quel deuil frappe cette femme ? Désire-t-elle justifier sa tenue ? Ce geste, ce regard semblent dire : « Ah, vous êtes là, cher ami ! Vous allez comprendre... J'allais justement vous poster cette lettre. Tout est fini maintenant. Cela s'est passé si vite. Tenez, lisez... »

Les lettres qui nous parviennent sous enveloppe ont leur mystère. On en cherche la provenance ou l'auteur par l'oblitération postale, le style graphique, la présence sur le verso d'un signe livrant l'énigme. On s'éloigne de la boîte aux lettres, on monte un escalier, on longe un couloir. Le mystère ricoche. De supposition en supposition. Mais qui m'écrit ? Debout ou en arrêt, on tourne et retourne l'enveloppe. Une fois ouverte, les lignes muettes défilent si vite que des mots nous échappent.

« Allons bon ! » « Non, ce n'est pas possible ! » « Tiens, ils étaient là-bas, je n'arrive pas à y croire. » Il faut reprendre au début, poinçonner rapidement un *chers amis* ou votre prénom accolé à celui de votre compagne ou compagnon, à ceux de vos enfants, un *chers tous* en tir groupé, un *hello* de retrouvailles, un *salut* ricochant du papier vers les yeux. Puis commence la lecture. On sourit. On fronce les sourcils à soucis.

Le regard plonge vers le bas malmené par la graphie hâtive, remonte vers le haut, circule de ligne en ligne comme il arrive à un comédien de *bouler* son texte, reprend la lecture, vérifie la date. Ce rien sur papier blanc devenu signe de bonheur, malheur ou même de banalité vient combler ce vide à la manière d'une image de polaroïd : *On profite de... je voulais simplement vous avertir de notre... il y a bien longtemps... voici enfin des nouvelles...* Fleurissent des questions qui trouveront réponse plus tard. Chaque lettre reçue commence par le cri déchirant de l'enveloppe et s'ouvre sur du temps passé avec amour, parfois sur un seul mot prêt à enflammer tous les autres, qu'il s'agisse de missives passionnées, désespérées ou vindicatives.

Les lettres de notre temps, cher Homme au casque d'or, sont tapotées sur un clavier sans musique, derrière la vitre d'une machine inconnue de vous, qu'il serait trop long de décrire ou décrier, selon mon humeur. Elles ne sont plus modeste littérature, mais juste littérales, des lettres errantes, sans papier, pour une lecture sans écriture. Cher ami, gardez cette missive sans enveloppe, sûrement la seule que vous aurez reçue le long de votre vie immobile : une lettre dite *ouverte*.

CHAPITRE 21

Où de bien vieux ouvrages traitent
de fecours aux noyés, du socialisme,
et de la réforme ortografique.

Il y avait, chez ma grand-mère, un autre livre que *Voyage à dos de baleine* dont j'ai relaté le souvenir, sa lecture, sa perte et ses retrouvailles. D'un petit format, relié cuir, soigneusement dissimulé dans le tiroir d'un bahut en bois d'orme, il ne pouvait échapper à ma curiosité vacancière. Véritable livre de médecine, il a offert à ma jeune vie des remèdes aux maux et mornes ennuis des campagnes françaises. Ses pages refusaient la pression du doigt désireux d'en courber le papier, tant leur texture filigranée leur permettait de tenir verticalement, même à l'âge de trois siècles. L'usage typographique du « s » m'amusait. Présent dans un autre livre de la même époque sous la forme qu'on lui connaît aujourd'hui à la fin des mots, il s'écrivait « f » au début ou au milieu de ces derniers.

Ô, le bon temps de la moiffon,
on eft enfemble fans façon.

Cher lecteur, prenez à votre tour le temps de lire à haute voix ces deux vers de M. Du Belloy, auteur des *Moissonneurs*, et vous pafferez pour un infirme de la prononciation. Le livre de médecine que j'évoque,

106

loin de cette bluette pastorale, s'enfonçait dans un abîme de recettes stupéfiantes où la médecine faisait feu du bois légendaire qui conduisait sorcières et remèdes au bûcher.

S' il advenait une noyade, il était avisé de placer le mourant dans un tonneau vide puis de le rouler jusqu'à ce que l'eau quitte le corps et se transforme en vin pestilentiel. Plus extravagante encore était la recommandation, dans la même circonstance, d'insuffler de la fumée de tabac dans le *boyau cullier* à la manière de Rabelais. Plus loin encore, était conseillé aux personnes trop maigres, en grand danger d'être renversées par grand vent, l'usage de semelles de plomb.

Comme Georges Perec, je me souviens de tous ces petits moments inessentiels du quotidien « miraculeusement arraché à son insignifiance, retrouvé pour un instant » qui suscitent « quelques secondes d'une impalpable petite nostalgie ». Je me souviens de la légère fossette dans le papier de chaque lettre, comme si la presse d'œuvre autour de chacune d'entre elles avait laissé son empreinte pour des fiècles et des fiècles, du creux particulièrement visible lorsque les rayons du soleil venaient la caresser tangentiellement. Je me souviens aussi des poussières aux éclats d'argent en nuages légers autour du livre et des éternuements qu'elles ne manquaient pas de provoquer.

Les vieux dictionnaires que je me suis mis à traquer par la suite m'épataient par la solidité de marbre de leurs définitions ou commentaires devenus si fragiles à l'épreuve du temps. Dans un ouvrage paru au milieu du XIXe siècle, le *Dictionnaire français illustré*, sous la signature d'un certain Maurice La Châtre, le terme *Lune* est accompagné d'une gravure approximative. Peu après la définition et les mensurations de notre satellite, il est admis que ses habitants n'ont pas une forme humaine identique à la nôtre, le milieu physique étant différent à la surface des deux globes.

La lecture de cette édition de 1858 porte au-delà du sourire. Le miroir du temps y est sans cesse tendu. Au terme *Socialisme*, un programme d'éducation préconise pour chaque village une crèche, une salle d'asile, préfigurant l'école maternelle, où les enfants éliraient un chérubin major, une chérubine du même grade et les reconnaîtraient pour chefs aux couleurs des plumes de leur chapeau. À l'école des filles, comme à celle des garçons, des plages horaires sont affectées aux tâches agricoles auprès de parents volontaires. Sont aussi prévues des banques prêtant sans intérêt, des soins homéopathiques gratuits, une caisse de retraite et une « maison mortuaire pour garder les corps et prévenir pour les habitants du supplice effroyable d'être enterrés vifs, événements, hélas, si fréquents en France où l'on en compte un par semaine ».

Pour rien au monde je ne me séparerais de cet ouvrage qui offre au patrimoine familial ses rêves avortés. Il fait partie des miens, avec une ultime utopie déroulée sur ses dernières cinquante pages ainsi annoncées :

GRAMÈRE FRANSÈZE
D'APRÈS LA RÉFORME ORTOGRAFIQE.

Des siècles d'évolution de notre langue y sont passés au laminoir. Des origines antiques des mots, des arborescences étymologiques, des croisements et des dérivations plurilingues, il n'en reste qu'une sorte de volapük rédigé à la façon de messages secrets, au code aussi flou qu'introuvable. Pauvre Jean de La Fontaine cloué pour l'exemple au pilori phonétique. Et pauvre de moi condamné en mon jeune temps à la lecture à haute voix – ainsi que la pratiquaient les Romains – de mots suivis de nouveau par mon doigt d'apprenti hésitant sous cette langue trop neuve :

Mêtre qorbô, sur õn arbre pèrjé,
Tenèt an son bèq õn fromaje.

« Û l'on vūat *mêtre* préséder *qorbô* ôquel il se raporte ét lés mots sur *õn arbre pèrjé* dépandre de *qorbô* de même que tūt se qi suit. »

Cher lecteur, je vous fais grâce de ce « se qi suit » tant sa lecture est exténuante, mais j'entends planer au-dessus du chaos ce passage de *Tristes tropiques* de Lévi-Strauss : « L'instruction obligatoire, qui se développe au cours du XIXe siècle, va de pair avec l'extension du service militaire et la prolétarisation. La lutte contre l'analphabétisme se confond ainsi avec le renforcement du contrôle des citoyens par le pouvoir. Car il faut que tous sachent lire pour que ce dernier puisse dire : nul n'est censé ignorer la loi. » Nul n'est non plus tenu d'ignorer la littérature, mais cette injonction reste tacite, donc facilement contournable.

Le bien ancien édit de Villers-Cotterêts, signé par François Ier, exigeait déjà une rédaction en français des documents législatifs ou administratifs dans une langue écrite reconnaissable par tout un chacun. Mais qui, à cette époque, savait seulement lire ? Ma lecture désespérée des petits caractères de mes innombrables contrats fait de moi, des siècles plus tard, un illettré sectoriel, tout droit expédié vers l'écriture d'un *Petit éloge des grands coups de pied aux fesses*.

Auteur-illustrateur, je fréquente des bibliothèques dont certaines ont traversé le temps sans invasions, incendies ou inondations. Cette fonction m'aimante immanquablement vers des bibles vieilles d'un bon millier d'années, rédigées à la main dans le silence de monastères revisités par l'Umberto Eco du *Nom de la rose*.

Muni de gants blancs, j'en feuillette lentement les pages de vélin où sont encore visibles les trous d'épingle destinés à maintenir un fil d'aplomb horizontal, guide d'un tracé léger au crayon pour l'écriture des lignes.

Les textes sacrés sont pour moi comme l'hébreu : illisibles. Mais agrémentés de dessins en noir et blanc, nés de l'imagination d'artistes irlandais auteurs de caricatures insensées, si éloignées des enluminures leur ayant succédé, ils me ravissent. Lettrines, marges et bas de pages les illuminent. On peut y voir Adam et Ève nus et face à face sous un pommier. Une lecture plus attentive des pommes révèle que ces fruits sont des yeux exorbités reliés à l'arbre par leur nerf optique, symbole utilisé mille ans plus tard par Tex Avery dans ses dessins animés où l'on peut voir représenté ainsi l'émoi d'un loup à la vue d'une créature pulpeuse.

Sous le mot *fin* calligraphié d'une de ces bibles court un rat qui, dans une bulle, s'écrie un « c'est pas trop tôt » bienvenu. Ainsi s'amusaient entre eux les moines indifférents à l'opinion publique, laquelle, en ces temps reculés, n'avait pas voix au « chapitre », qui n'était pas encore recyclé en attelage de wagons à roman.

CHAPITRE 22

Quand la fiction s'invite dans
ce petit éloge de la lecture
dont l'auteur est soupçonné
de trafic d'œuvre d'art.

Les gendarmes sont passés chez moi, il y a peu. J'ai aperçu leur bourdon bleu suivre l'allée, crachant des feuilles mortes de circonstance automnale. Connaissant toute la brigade, je n'avais aucune raison de m'inquiéter. Deux d'entre eux étaient même venus examiner le Breguet de Saint-Exupéry que je construisais au tiers de sa dimension pour mes trois petits-fils. Ils en avaient vu la photo dans le journal, avaient observé les détails du poste de pilotage, écouté mes explications passionnées, et s'étaient même fait photographier le long du fuselage, transformés en brigade volante pour de rire.

Mais, cette fois, ils avaient l'air embêté. *Les gens causent entre les branches*, comme on dit dans ma région.

« Vous vivez ici, avec votre femme, bon. Vraiment seul ?

— Ma foi oui. Mais n'oubliez pas le vent dans les fils électriques, au-dessus. Je vis aussi avec ce chant de loups.

— Bon, comme vous voudrez, c'est assez compliqué... »

Leurs doigts frottent le glabre des joues assermentées. Ils baissent les yeux, regard aux pieds. « On a une plainte. Une enquête. Interpol, Berlin.

— D'où ?

— Berlin.

— Excusez-moi, j'ai toujours regretté de n'avoir jamais pu visiter cette ville. »

Le regard, dubitatif, est remonté droit dans mes yeux.

« Une histoire de tableau volé. Enfin, on n'arrive pas à savoir s'il l'a été, volé, ou pas. Des fois absent du musée de Berlin. Puis, de retour. Sans avoir bougé de place. »

J'invite les gendarmes à entrer chez moi et à s'asseoir. Mieux vaut mettre une table entre nous pour reprendre la partie de ping-pong :

« Bien », dit Alex.

Alex, c'est le petit, Alexandre, le grand.

« Je vous écoute.

— Il paraît qu'il y aurait une sorte de génome, dans les tableaux, une trace génétique. Comme pour les chiens à puces. Pour les retrouver, les tableaux. C'est un truc que, quand on les regarde, ça déclenche des signaux. »

Difficile pour moi de comprendre ces explications alambiquées. Mon métier leur semble confus. Mais le leur l'est tout autant.

« Vous me connaissez bien. J'écris, je dessine aussi. Des années que j'offre des livres à vos enfants. Enfin, je ne dis pas ça pour acheter votre amitié, mais vous racontez quoi, là, *chez moi* ?

— C'est Berlin. Nous, on y est pour rien. Berlin réclame le tableau.

— Quel tableau ?

— Tenez, j'ai là, écrit dessus, euh, *L'Homme*... *L'Homme au casque d'or*. Il serait chez vous. Toujours d'après Berlin. Vous avez pas mal bougé depuis l'été. Ils ont du mal avec vous. Juste un soupçon. Du repérage, quoi.

— Mais je n'ai pas ce tableau en ma possession !

— Nous, on n'en sait rien. Eux si. Enfin, ils disent que vous l'avez, mais pas toujours. Des fois, seulement. »

Un peu de silence se fait entre nous. Alex se mouche, Alexandre le regarde se moucher. Je regarde Alexandre qui regarde Alex se moucher.

« Je n'ai pas ce tableau, je ne l'ai jamais eu, mais je le connais bien.

— Ah, vous voyez !

— Non, ne me dites pas "vous voyez". Dites que je l'ai vu, une fois, il y a fort longtemps, au musée de l'Orangerie, à Paris. Vous pouvez transmettre cette information à Berlin.

— Inutile, ils savent.

— Alors, puisqu'ils savent, ils savent aussi que je ne l'ai pas.

— Justement, ils ont un doute. Vous l'auriez et vous ne l'auriez pas. On aurait dû commencer par là. Donc, vous ne l'avez pas, mais ils ont des traces, genre petits signaux. On vous disait, pour l'été dernier. Vous étiez dans les Cévennes. Berlin dit fin août.

— Vous croyez que j'aurais emmené ce tableau en vacances ?

— Nous, on dit rien. Berlin parle de traces.

— Et puis ?

— Et puis le truc se rallume. Paf. Sur ici.

— Mais ils l'ont ce tableau ou ils ne l'ont pas ?

— Oui, bien sûr, ils l'ont. Affirmatif. Mais parfois c'est comme s'il n'était pas là. Quelque chose de bizarre. Bref, dans la note qu'on a reçue à la brigade, il est écrit, en foutus petits caractères, que tout tableau est inaliénable dans son identité composite, physique ou morale. L'absence de l'une ou de l'autre est soumise à recherches, sinon l'œuvre est susceptible de subir des dommages irréparables. De toute façon, on va vous laisser un double. L'original, vous le paraphez là et... là. On a transmis. On est couverts. On vous quitte. »

Le bourdon bleu est reparti avec ses deux messagers et le bordereau signé, attestant leur visite.

Pour une fois que j'ai vraiment besoin de lui, je ne sens pas la présence de mon Homme au casque d'or à mes côtés. Où est-il passé ? Ce mot est si flou. Comment retrouver ce qui est passé ?

« Par ici. J'ai tout entendu.

— Et alors ?

— Alors, tout ça, ce sont des mots, des mots contre des idées, les tiennes, bien plus belles, des mots sécuritaires censés me protéger. J'ignorais être équipé de ce traceur virtuel. »

Je me frappe le front :

« J'ai lu récemment un truc, là-dessus. Un article sur la possibilité de passer la conscience au scanner. Les chercheurs ont dû l'expérimenter d'abord sur des personnes virtuelles, sur des portraits. La Joconde serait, paraît-il, une Chinoise.

— Savoir que moi, Adriaen, le frère de Rembrandt, ai posé pour ce tableau avec ce foutu casque qui me pèse ne leur suffit pas. Faut dire que j'avais une inclination pour Hendrickje, la servante de Remb'. Elle a servi de modèle pour Bethsabée. Mon frère a dû le sentir. Une histoire d'amour emboîtée dans une autre, légendaire, en rapport avec le roi David. La jeune femme tient une lettre à la main. Les doutes de mon frère sont apparus quand j'ai commencé à poser pour lui. Visiblement, il se doutait de quelque chose, il paraissait énervé. Je ne sais rien de plus à cause du trou noir de ma naissance. Remb' a certainement lâché l'affaire, m'a confié aux grouillots de son atelier puis signé de son nom car j'avais une valeur marchande. Ça, c'est de l'histoire ancienne. Mais cette élucubration de traceurs de ma prétendue fuite en pointillé, je n'y comprends rien.

— Moi non plus… »

Les feuilles que je couvre des veinures sombres de l'écriture ne sont que papier plié, attaché à la couverture de mon cahier de brouillon. Celles des arbres, elles, une à une perdent leurs sœurs. Cette année, une étrange disposition des branches nouvelles avait, à la fin du printemps, créé au sommet d'un de mes chênes un étrange personnage, dont la silhouette évoquait un coureur à pied ou un primitif poilu de feuilles, une jambe repliée vers l'arrière, tandis que l'autre prenait appui sur une branche maîtresse. Une fantaisie de taille humaine, porte ouverte d'une possible histoire de cambrioleur surpris par mon regard hésitant entre l'immobilité et son désir de fuite pour aller se jeter dans le lac tout proche. Mon « feuillu » a disparu après le bel été, sauf le squelette du monte-en-l'air derrière lequel, aujourd'hui, le soleil fait sa ronde de jour.

Cher lecteur, imaginons un instant qu'attiré par le titre de ce livre, vous l'ayez ouvert précisément ici, pour vous faire une idée. Vous allez vite penser qu'il y a erreur. Quelques pages appartenant à un autre livre ne se seraient-elles pas glissées ici ?

J'ai voulu ce moment de doute, vous faire tomber dans un piège bien inoffensif. Il n'existe pas de plus bel éloge de la lecture que la lecture elle-même, que cet embarquement à bord des mots pour les mots. La lecture fiction, évoquant un univers imaginaire, est à proprement parler lecture à mes yeux, et non le récit-

essai qu'est ce Petit éloge de la lecture, *qui, évidemment, est lui aussi lecture. Reprenez-vous, quittez cette page et revenez à la toute première. Bonne route !*

L'Homme au casque d'or, regard toujours baissé, figé dans sa paralysie, m'écoute comme un enfant gourmand d'histoires. J'hésite à lui annoncer la fin de mon travail d'écriture et l'obligation d'avoir à me quitter avant que ne tombe le rideau du mot *Fin*.

« Allez, je vous ramène.

— Où ça ?

— À Berlin.

— Tu le sais bien, je ne suis qu'une idée.

— Oui, comme dans la chanson : "Toi, toi, qui n'es plus qu'un mirage ou ce qu'il en reste, longtemps, pourtant, je t'attendrai…" »

Écoutez-moi, cher vieil ami, nous allons appareiller. En bateau. Le plus sûr moyen de nous quitter avec lenteur. Habité que je suis par le souvenir récurrent du roman de Jerome K. Jerome, nous naviguerons tous deux. Vous, bien installé à la poupe, légèrement incliné vers l'arrière afin que vous profitiez plutôt du paysage que de la vue de mes pieds ou du plat-bord. Mes avirons ne pouvant lutter contre le courant des rivières ou des fleuves, nous n'emprunterons que les canaux. S'il souffle un vent contraire, votre tableau fera voile à manœuvrer, à tirer des bords, ce qui, sur un canal, réclame une infinie patience. Vous connaîtrez les descentes au fond des écluses, les remous énervés de l'eau prise de vertige et les parois de pierre subissant le supplice de l'eau interrompu au dernier moment par l'ouverture des portes.

Nous suivrons le canal du Nivernais, parfois fiancé à l'Yonne au lit toujours défait, surpris par le silence des rives. Nous traverserons Clamecy, patrie des flotteurs de bois quand, de votre temps, Paris brûlait chaque hiver un million de stères de bois. Nous glisserons sur la Saône, piquant vers le nord après Écuelles où une autre barque, celle d'un vieil ami, m'offrit quelques parties de pêche à la brème, au gardon ou à l'ablette, remontant de l'invisible les lames argentées d'une existence promise à la poêle à frire. Je vous montrerai les dégâts anciens d'une inondation figée dans la glace où j'aperçus, loin de toute rive, un homme en pardessus noir déplacer son apparence de point d'exclamation le long de haies noires dont l'inutilité saisonnière n'était plus à démontrer.

Le canal de la Marne au Rhin crochètera par Nancy. J'y appris l'existence, sur le panneau apposé à un transformateur, du mot *électrisé* dans l'injonction « Premiers secours aux électrisés », un mot soudain à rapprocher, pour les besoins d'une possible rime, de celui d'*anisé*, ivresse mortelle à goût d'apéritif servi une ultime fois. Arrivés à Strasbourg par le canal de la Marne au Rhin, nous dériverons sur le grand fleuve, musardant à la vue des étranges maisons à colombages agencés en tangram ou en puzzle, décorées de légions de géraniums massées aux fenêtres pour saluer un bonheur de carte postale. Puis nous laisserons Francfort à tribord. Là, je vous raconterai comment les organisateurs et les participants de ma conférence m'abandonnèrent pour la nuit, seul dans un château de la famille Krupp transformé en musée et lieu de rencontres culturelles. Ma chambre était si vaste, si haute que je poussai le lit dans un coin pour m'y cacher, dos tourné à une cheminée dégoulinante de formes grotesques, d'ogres en stuc et d'emblèmes léonins d'anciens capitaines industrieux dont les voix éteintes ne peuvent faire oublier les orages de feu et de sang de deux guerres mondiales. Au matin, je découvris l'immense fenêtre, cascade de glace, derrière laquelle broutait une biche caressée par un soleil en paix avec lui-même.

Le Mittelkanal filera vers l'est et, à Brandebourg, nous descendrons la Havel pour prendre, à tribord toute, la direction de Berlin. Alors, vous me guiderez vers le musée et reprendrez votre place de prisonnier sur parole ou regard, en vous fondant dans le vrai tableau. Je rentrerai chez moi, passerai à d'autres livres, mais nous ne nous oublierons pas. Certains de mes lecteurs joueront sans doute aux détectives. Pourquoi vous, cher fantôme, pourquoi une histoire de peinture sous surveillance venue s'échouer dans ce *Petit éloge de la lecture* ? Il n'y a pas de réponse à ce mensonge des mots, à leurs combinaisons joyeuses, jubilatoires, muées en parler vrai d'écriture sous des yeux qui referont à l'aveugle le chemin de la Tamise à la Spree.

Notre aventure s'achèvera à la porte du musée. Je m'en tiendrai à ce que devine Daniel Arasse dans *Histoires de peinture* : « Certaines peintures m'attirent, me fixent, m'arrêtent, me parlent comme si elles avaient quelque chose à me dire, or en fait elles ne me disent rien, et c'est cette fascination-là, cette attente, qui m'arrête et me fixe. »

Peut-être serez-vous sollicité pour figurer dans le catalogue d'une grande exposition. Redoutable honneur qui appelle une remarque ou un avertissement. Ce genre de manifestation dure trop peu de temps pour que les visiteurs retiennent les propos de Daniel Arasse, préoccupés qu'ils sont de ne pas rater un pareil événement. Ils vont se bousculer, longer les œuvres en file compacte. Ils vont brandir leurs téléphones portables ou leurs tablettes, déléguer à des machines virtuelles le soin de pratiquer un arrêt sur image. Leur objectif devient celui de l'objectif photo. Ils vont perdre un peu de leur ravissement si bref, car la foule les entraîne vers le tableau suivant. Peut-être allez-vous vraiment comprendre alors cette surveillance de votre présence à toute heure, en tout lieu. Qui peut savoir si un jour vous ne basculerez pas à jamais dans une tablette pour être reconstitué ailleurs dans un état tel que l'original ferait moins bonne figure qu'une copie virtuelle ?

« Ne te fais pas de souci, vieux gamin, me rassure l'Homme au casque d'or. Dans ce cas je viendrai une nouvelle fois me réfugier dans ta mémoire qui est la plus sûre des cachettes. »

Nous allons embarquer à bord de nouvelles illusions. Le fait d'écrire, de lire ne sont pas les moindres. Les lettres s'accouplent, fondent familles de phrases, en réinventent d'autres, n'épuisent jamais leurs sons ni leurs sens. Et leurs danses, vivant en quartiers de pages et paragraphes, ne sont jamais lasses de leurs farandoles sur parquet de papier.

La première des illusions fut sans doute l'observation par nos ancêtres de ce qu'ils nommèrent, dans un langage inconnu, levers ou couchers de soleil. Ils ne maîtrisaient pas encore l'invisible tournoiement de la Terre. Cette illusion quasi primale subsiste encore dans nos calendriers avec, soigneusement annotées, les heures et les minutes de ces instants trompeurs.

Quand Albert Camus fut victime de l'éclatement d'un pneu, on en apprit la nouvelle au général de Gaulle :

« Albert Camus est décédé. Un arbre est rentré dans sa voiture… »

Le général rectifia aussitôt :

« Non, c'est la voiture qui est rentrée dans un arbre. »

Et l'Homme au casque d'or renchérit :

« Tu vois, l'illusion est toujours humaine, elle arrête le paysage en même temps que le train. Tourne-toi vers la musique. Elle agite son éventail d'émotions nées de notes en pattes de mouche illisibles pour ceux qui en ignorent la graphie. Illusion, le théâtre et ses voix comédiennes, empruntées d'après Stefan Zweig "dans une morgue pour cadavres de l'esprit", projetées depuis des scènes auréolées de soleils électriques vers le gouffre noir du public invisible aux personnages porte-manteaux se relevant d'une mort factice pour être applaudis. Illusion, le cinéma avec sa mécanique d'images déroulées à un rythme où l'œil piégé par la magie mécanique donne vie à des êtres-marionnettes mimant gestes d'amour ou de haine.

— Vous oubliez la peinture…

— Non, non, non. Notre première rencontre fut pour toi une illusion décisive. Tu as cru que j'existais, que je portais mon regard vers toi, jeune homme. Le modelé, travaillé par le peintre du clair-obscur, me donnait une vie en arrêt, dans l'attitude coutumière des chiens de chasse. Le temps d'une poignée de secondes. Après quoi, tu t'es éloigné, emportant le souvenir durable de ma simple apparence. Il faut préserver cet immense trésor alibabesque caché aux yeux de tous dans cette grotte que nul scanner ne peut violer. Nourris d'imagination, nous le sommes sans doute depuis toujours. Veillons à ne pas en perdre la saveur. Désillusionnés, nous perdrions notre si bel élan, celui que tu donnes à tes rames. Au fil encore inconnu de notre voyage, des ponts sembleront venir à notre rencontre, tremblant de ce reflet qui leur confère l'aspect d'un anneau passé au doigt de l'eau. Mais le monde ne vient pas à toi, c'est toi qui le traverses ou le parcours, comme un livre renaissant à chaque page lue. »

L'Homme au casque d'or se tait, la bouche encore sèche de siècles passés dans le silence. Je lui adresse un sourire. Il y en aura d'autres, malgré nos séparations. Lui dans son musée berlinois. Moi dans d'autres lectures filant comme eau courante entre les rives du temps. De tous les éléments, elles sont sans doute le cinquième. Point n'est besoin de les classifier.

Mais ce voyage en barque me ramène à un autre point d'attache, celui de mes anciens livres de géographie où je me régalais du tracé naïf d'un parcours d'eaux bleues. Mon regard enfantin embrassait une région imaginaire dans laquelle tout était montré et nommé : montagnes, source, lac, vallée, rivière rive gauche puis droite, affluent, confluent, fleuve, estuaire ou delta, mer ou océan. Je m'y promenais et me promène encore, inlassablement, survolant ces cartographies de mesure et de démesure du monde, conçues pour un apprentissage scrupuleux, jamais oublieux de celui de la rêverie.

CHAPITRE 23

*Où l'on surprend l'auteur à s'intéresser
de près à la notion estivale féminine
de chair à papier.*

Les femmes aiment la vie de couple avec un livre. En longue et ancienne liaison. En aventure de vacances. En passion éternelle. Livre épluché d'une main, tenu par l'autre comme on tient un tout petit bébé, les lectrices observent l'objet de leur plaisir droit dans les yeux. Allongées sur le ventre, bouquin pris dans la pince des bras, elles ne prêtent aucune attention aux ballons et aux cris d'enfants sur la plage, tandis que le soleil martèle et forge leur corps. Parfois se contracte un muscle, à l'image des chevaux chassant une mouche sur leur croupe. Une fesse, ou les deux, ce qui rappelle à la liseuse que leur anatomie est bien là, à portée de mains invisibles ou de regards à basse altitude. Un peu plus loin, une brochette charnue, ambrée, rissole sur le flanc. La courbe d'une hanche s'élève puis se rompt pour s'incliner vers la vallée de la taille. Un bras cale la tête, une main retient les pages soumises aux taquineries du vent, et la voile du maillot se soumet à la brise intermittente de la respiration. Parfois la liseuse est sur le dos, en cale sèche du sable, pieds pointant le soleil. Au bout des bras cassés, le livre projette son ombre de parasol sur son visage dont les yeux dévorent les pages.

Les compagnes de ce salon de lecture à ciel ouvert sont couchées sur un canapé de sable froissé par leurs empreintes, tandis que le vent de terre agace les pages et distribue çà et là quelques grains de silice vite précipités au creux de la reliure. Marque-pages sans vocation précise, ils formeront un chapelet, souvenir d'étés lors de retrouvailles futures sous la douceur des doigts. Combien en restera-t-il quand se fendra le livre après des mois ou des années ? Jamais comptés dans leur promiscuité écrasante parmi les mots imprimés.

Ailleurs, mistral ou simple brise, le vent ne se souvient pas d'avoir finement lapidé de sable la liseuse délogée venue s'abriter sous les pins, mais il poursuit sa tâche, aimante les pages à l'aveugle, impose un repli des bras sur la poitrine et l'envol des cheveux affolés.

Mais en cet été du début des années cinquante où j'ai affaire à Bérénice et Titus, aucune de mes lectrices plagistes ne voit stopper un autocar haut perché sur ses roues le long de la route qui longe la plage de la Corniche de Sète. Aucune ne prête attention aux gens qui en descendent dans un bourdonnement de rires et de cris soulagés de la fin de leur trajet vers la mer. Aucune ne perçoit l'accent rocailleux des conversations ébréchées par le mistral venu des marais salants, ni n'est importunée par la cohorte qui s'écoule lentement vers la frontière du sable.

Mes lectrices ne s'aperçoivent pas non plus que les passagers de l'autocar ne sont pas en tenue de bain mais en habits sombres des dimanches campagnards. Elles ratent superbement leur entrée à petits cris dans l'eau rafraîchie par le vent, manquent le lancement inaugural des cuirassés obsolètes qui ne s'aventurent guère plus loin qu'à l'incertaine ligne de flottaison entre la taille et les épaules.

Si elle n'a pas refermé son livre, ma voisine ne sait rien du retour sur la grève des alourdis par l'eau, des étourdis par les rires à la vue des deux boutons supplémentaires perçant l'étoffe du corsage des femmes. Elle ne peut suivre le cortège des costumés luisants abandonnant sur le sable une averse de gouttes dont chacune fait naître un petit cratère sur le sable.

Elle ne connaît pas le dernier plan du film, dans lequel on peut apercevoir les excursionnistes se dandiner pieds nus, mollets derrière l'autocar, et agiter des bras nus par les fenêtres.

Le petit garçon que je suis encore un peu se demande comment ces touristes endimanchés ont pu ainsi, en rang d'oignons, se mettre nus puis enfiler des habits de rechange le long d'un paravent métallique et vitré qui ne les protégeait en rien du mistral mais cachait tout ce qui n'était pas pieds ou mains.

Peu d'hommes vivent ainsi des scènes d'amour publiques avec un livre. Ils se donnent eux-mêmes à être lus de haut en bas, chargés du discours muet de leur physique, du noble art délié de la natation. Cabotins autant que caboteurs, steamers à fumée bleue de cigarette, lire un livre leur ferait perdre de vue les courbes féminines promises au filet du regard.

CHAPITRE 24

Quand l'auteur, débordé par ses mille lectures,
invective ainsi ses lecteurs :
— Lisez donc où vous mettez les pieds !

Marcher pieds nus. Sentir l'écorce terrestre. Lui
laisser la chance de m'accorder par la caresse inépuisable des promenades une possible mais improbable
réciproque. Les orteils en deux groupes de cinq
éclaireurs, le premier précédant l'autre de peu, vite
relayé par le second, font la course pas à pas, battant
l'herbe rase devenue pampa, évitant de peu le maré-
cage d'une flaque, la poussière, le sable où les brû-
lures du goudron estival. À la fin de l'été, orteils,
plantes et talons, noircis de tous ces voyages, pré-
sentent stigmates et tatouages calleux sous la plante
des pieds. Aux bains et aux chaussettes des saisons à
venir d'effacer petit à petit les traces de ces chemine-
ments, de brouiller les brefs messages échangés
entre peau de terre et peau d'humain.

Fouler le sol est toujours pour moi un jeu de parcours cartographié, la recherche de signes appro-
priés à une autre lecture, celle du paysage. Ainsi,
désireux d'aller voir la mer, j'abandonne ma voiture
près d'un emplacement réservé aux handicapés, dont
la peinture écaillée dessine un lagon caraïbe, et pro-
gresse vers la plage. Cette reconnaissance, quasi
aérienne, peut parfois s'interrompre à la vue d'une
flaque d'eau, parfait miroir d'un ciel porteur de

légers nuages, et l'illusion d'un basculement se réalise aussitôt : le sol devient plafond. Le ciel de Verlaine est par-dessus le toit, au-delà non pas d'une lucarne mais d'un trou aux contours grossièrement découpés. Je retiens ma respiration, suis des yeux la procession cotonneuse tranquille dans le bleu. Faisant lentement marche arrière, elle inverse son sens de circulation, me confiant ainsi la totale maîtrise du vent.

À l'extrémité mourante d'un passage zébré, à l'abord de la plage, le blanc se morcelle en débris de banquise sur fond de noire mer d'Asphaltie. Déjà quelques lichens rampants grignotent un rocher devenu montagne, et une oasis moussue aux excroissances étoilées se mue en palmeraie. La mer n'est plus très loin, qui, dans son reflux, esquisse de son pinceau d'écume des collines étagées. Une image que ne renierait point un maître d'estampes japonaises. Est-ce lui qui cultive autour d'une yourte érodée, coquillage approximativement nommé « chapeau chinois », un champ pétrifié de choux minuscules ? Comment ne pas se régaler de la lecture de ces oueds provisoires tracés par les derniers filets d'eau de l'estran avant que la pleine-eau ne les efface ?

La collection de cette géopoétique s'agrandit sous les pieds de l'arpenteur que je suis. La déjà lointaine Arctique cède le pas aux grands ergs modelés par les vents. La baie d'Along, hérissée d'éclats de roche dans une minuscule flaque, pourrait tenir dans le creux de ma main, et un faux vrai morceau de lune planté retient l'attention près d'une dalle affligée d'une acné de silice.

Le travelling s'interrompt alors que mes pieds nus parviennent à la lisière de l'eau et du sable. Vénus, saisie par la nostalgie de sa naissance, songe à un bain dans le miroir tendu par l'eau crépusculaire. Une à une, plus discrètes, d'autres étoiles prennent leur quart. J'en ignore le nom. Seule compte la *bleuison* rimbaldienne du ciel évoquée par le poète quand le jour, comme moi, s'éloigne.

Ce que mes pieds déroulent reste obstinément lecture et mon ami Yvon Le Men pose cette question plus générale : « Qu'en est-il de celui qui jamais ne lit ? Dans quelle langue son poème s'écrit-il ? Celle des nuages qui, dans le ciel, ressemblent à des montagnes ? Celle de la neige qui, sur le sol, ressemble à un manteau blanc ? Celle de la mer qui, à l'horizon, ressemble à du ciel tombé par terre ? D'où viennent les images de celui qui ignore le poème et dont la langue est faite de phrases mortes et mille fois récitées ? » Et Yvon, poète et romancier, commence *Besoin de poème*, par ces mots :

Si tu as besoin de neige
au printemps
ouvre un livre

si tu as besoin de printemps
au printemps
ouvre la fenêtre

CHAPITRE 25

[1]

Une personne, il ou elle, qu'importe, aveugle de naissance, se dirige vers une fenêtre.

Lesen, am Fenster lesen...
Ich lese jeden Satz
Oh welch ein Leseglück [2].

Bertolt Brecht, dans ses ballades tragiques, rejoint Yvon Le Men. De son côté, Nicolas Bouvier écrit, dans *Histoires d'une image* : « Lire à la fenêtre et d'un seul coup la peste s'éloigne, l'orage se fond sur du bleu. »

Sous la main de l'aveugle, la crémone pousse un cri de surprise. Portes d'écluse, les battants attirent un vent léger. La caresse est ressentie. Sur les joues d'invisibles baisers se déposent puis remontent vers les oreilles. Un courant d'air se glisse dans les cheveux, descend le long des épaules, conforte le bonheur de vivre avant d'aller jouer avec la page d'un livre ouvert sur la table. Ni trop à l'ombre ni trop au

1. Note à l'usage des voyants : « À l'œil et au doigt » est le titre de ce chapitre.
2. « Lire à la fenêtre / Je lis chaque phrase / Ah quel bonheur que la lecture. »

soleil, les yeux éteints ont-ils le souci de la dureté des contrastes ?

Assise ou assis, l'aveugle lit un poème. Non du regard mais des doigts qui suivent les sillons aux picots mécaniquement disposés sur une page cartonnée que le vent peine à soulever.

L'alphabet Braille, code typographique en relief inventé par Louis, permet ce miracle d'acné mécanique. Les aspérités n'ont cure des empreintes digitales, elles titillent le sensible bombé du doigt, transmettent leur message à la pression du derme dans un chuchotement imperceptible. Ce cheminement sensuel devient trajectoire abstraite, connexion rapide, voie naturelle, fonction vitale et prometteuse.

Quand l'aveugle en a fini avec sa lecture, il, elle, qu'importe, revient à la fenêtre, souriant au vent toujours présent, riche des mots mis à l'index ou à d'autres doigts. J'aurais pu lui souffler à l'oreille, « Dans cette école, il y a / Des oiseaux chantant tout le jour / Dans les marronniers de la cour. / Mon cœur, mon cœur qui bat / Est là... » Quelqu'un aurait pu lui lire ce poème de Jacques Charpentreau mais il, elle a voulu une intimité totale avec le texte.

Demain, ou plus tard, la même tendresse obstinée caressera les œuvres de Guy de Maupassant ou de Franz Kafka, elles aussi éditées en braille.

Nos souvenirs de lecture de voyants appartiennent plus à la mémoire qu'au regard, sauf lorsque la typographie, la mise en page, les calligrammes d'Apollinaire, les tableaux-poèmes de Pierre Albert-Birot ou de Jean Tardieu donnent à voir, et allient plaisir des yeux, des sons et du sens. Quels ressentis les non-voyants gardent-ils d'une lecture à fleur de peau ?

L'image banale, mais déjà surannée, de la canne blanche recourbée à son extrémité m'évoque souvent la forme naissante d'un point d'interrogation. De nos jours, il semble que ce guide de prolongement du corps aveugle, résumé à une tige rectiligne ergonomique, soit plus proche du point d'exclamation au contact d'un seuil, d'un couloir, d'une porte puis d'une chaise et de cette fenêtre sur le rebord de laquelle furent posés des doigts de baguette magique donnant accès au plaisir de lire.

Pour le vent, aveugle de naissance, la Terre n'est qu'une picosphère géante qu'il connaît du bout de ses doigts invisibles : il y roule les nuages, couche les blés, bat portes et fenêtres, retourne les parapluies, et chaque soir conte ses exploits à ses frères éblouis.

CHAPITRE 26

*Où l'auteur, invité à une fête secrète
sur une île lointaine, côtoie des écrivains
vivants et d'autres qui le sont moins.*

Un salon du livre, sur une île. Au sud du Sud. Par
un beau mois de juin. Les premières cigales glissent
dans les conversations téléphoniques leur chant de
papier de verre. Il m'est demandé si je ne vois pas
d'inconvénient à changer d'hôtel. Deux autres écrivains seraient enchantés de n'être pas séparés. Un
autre exige d'être logé dans un établissement plus
luxueux, celui où descend habituellement le pré-
sident de la République.

Je cherche les figures connues de ceux qui les
connaissent. De petits groupes se forment. Les
retrouvailles s'aimantent et s'aiguisent au front de
mer sous les chapelets d'ampoules de bars ou de res-
taus, ravis du passage de quelques célébrités pour
qui cette escapade mondaine est bienvenue après les
incessantes pluies parisiennes.

Perdue comme moi, Milena Agus a franchi le
petit bras de mer depuis l'île voisine. Faire sa
connaissance équivaut à demander son chemin à
une paysanne sarde dont elle aurait la silhouette
attendrissante. Elle ne parle pas ma langue, ignore
tout de mes livres pour la jeunesse. Moi, je connais
les siens, dis-je à son attachée de presse tout en
essayant de me souvenir du début de *Battement*

d'ailes dont la si belle écriture, déroulée avec tendresse, me fit battre le cœur. Je balaie de la main le cercle imaginaire d'un paysage lointain et cite :

« "Le printemps resplendit du blanc des fleurs d'amandier... l'été du rouge des coquelicots... et... l'hiver de l'éclat des citrons..."

— "... mais tant de beauté nous ennuie" », ajoute son éditrice.

Milena, son mari et moi déjeunons ensemble et pour mieux me faire comprendre, je griffonne au feutre des croquis que le couple emportera. J'aimerais que Milena en tapisse le fond de son panier d'osier dont l'anse, au creux du coude, reproduira le rythme de quelque berceuse pour légumes frais.

Un soir, probablement celui du samedi, on vient me chercher. Je suis invité. « Où allons-nous ? — Montez, je vous en prie. Vous verrez bien... » La voiture quitte la ville par un chemin étroit, entame une partie de hoquet sur gazon entre les quilles des cyprès et s'arrête.

Une lueur de clairière repousse soudain les arbres. Des guirlandes de guinguette endimanchent les branches. Une foule tranquille agite des verres teintés de pastis, de champagne ou de whisky autour de tables étalant des victuailles de buffet.

« Vous êtes chez vous chez nous », me glisse le conducteur en ouvrant la portière.

Qui sont ce *vous* et ce *nous* de confidence ? Ma pensée est devinée :

« Bienvenue dans la propriété de la plus importante famille de l'île. Une réception. Pour vous. »

Je pénètre dans le cercle lumineux où, phalènes autour d'un phare, s'agitent les invités. J'en reconnais certains tentant de communiquer sous la brume auditive d'une musique sirupeuse. Où sont donc Milena et son mari ? Je ne les distingue pas dans cet espace bouillonnant où les serveurs appliqués offrent à la volée verres et assiettes.

Telle une étrave fendant d'humaines vagues surgit une femme à qui la longue robe noire confère un grand âge. Seuls sont visibles la tête, les mains et un sourire à partager entre tous les visages sans que sa démarche ne la conduise d'un invité à l'autre. Elle vogue, ne laissant d'autre sillage qu'un présumé parfum de bienvenue. Elle est la puissance invitante, la représentante de cette famille pesant d'autorité sur le destin politique de l'île, et dessine autour de chacun un parcours de toile d'araignée.

Fuyant cette oasis de lumière, je m'enfonce dans l'ombre dévorante du jardin. Des silhouettes noires, à l'image de celles qu'on croise le long de routes dangereuses en hommage aux accidentés, semblent progresser vers moi. Je crois reconnaître chacun des fantômes aplatis, sans bras ni visage. Mais ici personne n'est mort. Ma mémoire les a conviés à rejoindre cette communauté d'écrivains vivants. Tous disparus mais tous familiers car ils m'ont ravi et condamné à ne pas les oublier, une fois leurs livres refermés. Yves Gibeau, Roger Vaillant, B. Traven sont là, à portée de mon regard. J'en tremble d'émotion. Mais plus j'avance dans l'ombre épaissie, moins ces personnages sommaires sont identifiables car des plus lointains je n'ai gardé que le nom sans avoir pris connaissance de leurs œuvres. Et pourtant les voici qui se manifestent, regrettant que je n'aie rien fait d'eux. C'est la vie même de ne pouvoir tout lire ou tout aimer, et il ne suffit pas d'un nom pour dire oui. Les silhouettes maintenant se bousculent, font cercle autour de moi, m'emprisonnent. Ma main les caresse tout comme mes yeux ont effleuré, un jour, dans une liste retrouvée, à la fin d'une vieille édition de *La peau* du Malaparte de mon adolescence, tout un défilé d'auteurs et de titres parus en Livre de poche sur peau de papier jauni. Je n'avais que survolé à l'époque ces signaux d'annonce, ces phares baudelairiens, infimes, passés au « fleuve d'oubli ». J'ai répondu à quelques-uns, mais suis resté sourd aux appels de bien d'autres, Elizabeth Bowen, Samuel Butler, Edna Ferber, Anita Loos, ou Paul Géraldy, légion étrangère à mon envie de lire tant et plus.

Avant de reprendre le récit de cette soirée îlienne, me revient le souvenir précis de la lecture de ces noms. Alors qu'ils défilaient dans cette liste de parution, surgit du pli orangé de la reliure un minuscule insecte translucide qui devait y dormir. Après un saut en guise de salut acrobatique à la lumière retrouvée, il se met en route sur ce paysage calligraphié d'auteurs et de titres. Sa promenade erratique m'amuse au point qu'avec la pointe de mon stylo bille je suis la course de cette vie minuscule. Si j'établis aujourd'hui une comparaison entre sa taille et celle du géant que je suis à ses yeux, la page, à son échelle, représente un champ de papier dans lequel les herbes couchées des lettres mesurent bien cinq pieds de haut. Le trait bleu de mon stylo traverse *Les bêtes*, *L'immoraliste*, *La cité des cloches*, effectue un virage à gauche au niveau de *Kyra Kyralina*, remonte vers *Le Meilleur des mondes*, franchit d'un bond le ravin de la reliure, se glisse sous *Le Serpent à plumes*, puis coupe en deux *Marion des neiges*. À ce point arrivé, l'insecte sauteur échappe à ma vue. Ne subsiste de son trajet obstiné que ce fil d'encre reliant par pur hasard Pierre Gascar à Panaït Istrati, Jean Martet, en passant par D.H. Lawrence.

Tous ces auteurs, devenus imaginaires statues de l'île des Pâques tardives, font, cette nuit, office de rappel d'un des premiers films d'Alain Resnais et de Chris Marker : *Les statues meurent aussi*. Ici, stèles, masques mortuaires d'écrivains muséographiés, jadis baignés dans une lumière de célébrité, viennent témoigner de leur évanouissement dans cette ombre qualifiée de traversée du désert, comme si un tel lieu n'était qu'obscurité.

Plus tard, à bord de la même voiture, je regagne mon hôtel et remercie mon guide pour cette belle soirée.

« Quelle soirée ? s'étonne-t-il.

— Celle que je viens de vivre, là-bas...

— Il n'y a pas eu de soirée, ni de lumières, pas de tables ni de chaises. Si jamais vous retournez en ce lieu, vous chercherez en vain la moindre trace. Nous sommes en Corse, monsieur, il faut parfois se taire et tourner la page. »

CONSEIL D'UTILISATION

Prenez en main ce petit livre. Courbez-le comme un arbre sous le vent imaginaire né de votre pouce. Ventilées, ses pages prennent le grand galop. Votre œil abusé ne peut retenir le cheminement des mots mués en un nuage strié, dilués dans le blanc du papier et le noir des lettres. Le gris vous grise mais, au moindre arrêt, la lecture s'impose avec conviction et renaît la lenteur paisible d'un trésor à partager.

Avec, par ordre d'apparution :

Robert Louis Stevenson, James Oliver Curwood,
Mac Orlan, Louis Aragon, Georges Perec, Blaise Cendrars,
Sei Shônagon, Antony Brown, Wim Wenders,
Vassilis Alexakis, Kateb Yacine, Montluc, Jerome K. Jerome,
Raymond Queneau, Alphonse Allais, Georges Bernanos,
Stephen King, Victor Hugo, Francis Ponge, Nicolas Bouvier,
Jack London, Alphonse Boudard, René Fallet, Montaigne,
le Père Castor, Pierre Louÿs, Rembrandt, Jean Racine,
Roger Frison-Roche, Marie de France, Arthur Rimbaud,
Bossuet, Jacques Prévert, Jean-Pierre Chabrol, Rainer Maria Rilke,
Cervantes, Eugène Labiche, Antoine de Saint-Exupéry,
John Steinbeck, Jean-Paul Sartre, Curzio Malaparte,
Jean-Roger Caussimon, Pablo Neruda, Marguerite Duras,
La comtesse de Ségur, Raymond Chandler, Chester Himes,
Simenon, Brébeuf, Antonin Artaud, Robert Doisneau,
Jack London, Jules Supervielle, Isabelle X..., Julien Gracq,
Edgar Poe, Gaston Bachelard, Gérard de Nerval,
Honoré de Balzac, Paul Valéry, Goethe, Georges Didi-Huberman,
Albert Einstein, Stéphane Hessel, les Frères Jacques,
Francis Blanche, Charles Baudelaire, Omar Khayyam,
Georges Brassens, Nietzsche, Jules Renard, Anne Frank,
Alfred Stevens, M. Du Belloy, Maurice La Châtre,
Jean de La Fontaine, Claude Lévi-Strauss, Umberto Eco,
Daniel Arasse, Albert Camus, général de Gaulle, Yvon Le Men,
Bertolt Brecht, Jacques Charpentreau, Guy de Maupassant, Franz Kafka,
Guillaume Apollinaire, Pierre Albert-Birot, Jean Tardieu,
Milena Agus, Yves Gibeau, Roger Vaillant, B. Traven,
Elizabeth Bowen, Samuel Butler, Edna Ferber, Anita Loos,
Paul Géraldy, Pierre Gascar, Panaït Istrati, Jean Martet,
D.H. Lawrence, Chris Marker et Alain Resnais.

Œuvres citées

P. *16-17* : Aragon, « La guerre et ce qui s'ensuivit », *Le roman inachevé*, Poésie/Gallimard, 1966.

P. *24* : Vassilis Alexakis, *La clarinette*, Le Seuil, « Cadre rouge », 2015.

P. *24* : Kateb Yacine. Textes présentés par Mohammed Ismaïl Abdoun, Nathan, 1983.

P. *26* : Marie Rebattet, « Cahiers d'Échos liés », revue *Griffon*, mars-avril 2008.

P. *29* : Monique Morelli chante Mac Orlan, « La fille des bois », *Monique Morelli chante Mac Orlan*, paroles de Pierre Mac Orlan, composition de Léo Ferré, EPM, 1994.

P. *34* : Jerome K. Jerome, *Trois hommes dans un bateau (sans oublier le chien)*, traduit de l'anglais par Henry Buissou, Firmin-Didot, 1894.

P. *37* : Pierre Louÿs, *Les Aventures du Roi Pausole*, Flammarion, GF, 2008.

P. *42* : Racine, *Bérénice*, Gallimard, Folio Théâtre, 1994.

P. *47* : Rainer Maria Rilke, « Le Roi Bohusch », *Histoires pragoises*, traduit de l'allemand par Maurice Betz, Hélène Zylberberg et Louis Desportes, Le Seuil, « Points », 1997.

P. *57* : Jean-Roger Caussimon, « Comme à Ostende », paroles de Léo Ferré, *Jean-Roger Caussimon chante Jean-Roger Caussimon*, intégrale, volume 1, Swp Records, 2011.

P. *58* : Monique Morelli, « La ville morte », paroles de Pierre Mac Orlan, musique de Lino Leonardi, *Pierre Mac Orlan*, « Poètes & chansons », Believe/Epm, 2006.

P. *62* : Antonin Artaud, *L'Ombilic des Limbes* suivi du *Pèse-nerfs et autres textes*, Poésie/Gallimard, 1968.

P. *66-67* : Jack London, *La piste des soleils et autres nouvelles*, traduit de l'anglais par Paul Wenz, Gallimard, Folio 2 €, 2006.

P. *71-72* : Victor Hugo, « Saison des semailles. Le soir. », *Les Chansons des rues et des bois*, L. II, Gallimard, Poésie/Gallimard, 1982.

P. *72* : Victor Hugo, « Senior est junior », *Les Chansons des rues et des bois*, L. I, *ibid*.

P. *72-73* : Victor Hugo, *Hernani*, acte III, scène 2. Gallimard, Folio Théâtre, 1995.

P. *73* : Victor Hugo, « À la mère de l'enfant mort », *Les Contemplations*, L. III, Gallimard, Folio, 2010.

P. *74* : Victor Hugo, « Cérigo », *Les Contemplations*, L. V, *ibid*.

P. *76* : Vassilis Alexakis, *La clarinette*, *op. cit.*

P. *82-83* : Julien Gracq, *Les eaux étroites*, Éditions José Corti, 1976.

P. *83* : Georges Didi-Huberman, *Écorces*, Éditions de Minuit, 2011.

P. *86* : Aragon, « Après l'amour », *Le roman inachevé*, *op. cit.*

P. *87* : Charles Baudelaire, « Spleen », *Les fleurs du mal*, Folio Classique n° 3219, 1999.

P. *89* : Charles Baudelaire, « Visions d'Oxford », *Les paradis artificiels*, Folio Classique n° 964, 1977.

P. *93* : Omar Khayyam, *Les Quatrains*, traduit de l'anglais par Charles Grolleau, Allia, 2008.

P. *93* : Georges Brassens, « Le vin », *Oncle Archibald* (1957), Mercury/Universal, 2010.

P. *95* : Monique Morelli, « Rives défendues », *Chansons poétiques et réalistes*, Belive/Epm, 2011.

P. *97* : Jules Renard, *Journal (1887-1910)*, Gallimard, « Bibliothèque de la Pléiade », 1960.

P. *97-98* : Anne Frank, *Journal*, texte établi par Otto H. Frank et Mirjam Pressler ; nouvelle édition courante adaptée du néerlandais par Nicolette Oomes et Philippe Noble à partir de la traduction de l'édition critique par Philippe Noble et Isabelle Rosselin-Bobulesco, LGF, « Livre de poche », 2008.

P. 98-99 : Jules Renard, *Journal, op. cit.*

P. 98 : Jean-Paul Sartre, *L'homme ligoté. Notes sur le* Journal *de Jules Renard*, Critiques littéraires, Folio Essais n° 223, 1975.

P. 101 : Victor Hugo, *Alpes et Pyrénées*, dans *Œuvres complètes, Voyages*, Robert Laffont, Bouquins, 2002.

P. 109 : Claude Lévi-Strauss, *Tristes tropiques*, Pocket, « Terre humaine », 2001.

P. 118 : Daniel Arasse, *Histoires de peinture*, Folio Essais n° 469, 2006.

P. 120 : Stefan Zweig, *Confusion des sentiments*, traduit de l'allemand par Olivier Bournac et Alzir Hella, Stock, 2001.

P. 127 : Yvon Le Men, *Besoin de poème*, Le Seuil, 2006.

P. 128 : Nicolas Bouvier, *Histoires d'une image*, Éditions Zoé, 2001.

P. 129 : Jacques Charpentreau, *La ville enchantée*, L'École, Paris, 1977.

P. 132 : Milena Agus, *Battement d'ailes*, traduit de l'italien par Dominique Vittoz, Liana Levi, « Littérature étrangère », 2007.

P. 134 : Charles Baudelaire, « Les phares », *Les fleurs du mal, op. cit.*

Composition : IGS-CP à L'Isle-d'Espagnac (16)
Achevé d'imprimer par Novoprint,
le 3 août 2015
Dépôt légal : août 2015

ISBN : 978-2-07-046340-4/Imprimé en Espagne

277212